www.tredition.de

Peter Schlabach

„frei sein"

Was bedeuten diese Worte heute wirklich?

Ein Essay

www.tredition.de

© 2019 Peter Schlabach
3., gründlich überarbeitete Auflage

Umschlagbild: Pixabay

Verlag und Druck: tredition GmbH, Hamburg

ISBN
978-3-347-21466-8 (Paperback)
978-3-347-21467-5 (Hardcover)
978-3-347-21468-2 (e-Book)

_____

Inhaltsverzeichnis

Vorwort

"Wenn man die Philosophie einer Epoche kritisch betrachtet, sollte man sich nicht vorwiegend mit ihren intellektuellen Positionen befassen, die ihre Exponenten meinen verfechten zu müssen. Es wird immer einige Grundannahmen geben, von denen Anhänger all der verschiedenen Systeme innerhalb dieser Epoche unbewusst ausgehen. Derlei Annahmen scheinen so selbstverständlich, dass die Leute gar nicht wissen, was sie annehmen, weil ihnen der Gedanke, dass man Dinge auch anders sehen kann, gar nicht kommt". (Alfred North Whitehead)

Es gibt wohl wenige Begriffe in unserer Zeit, auf die dieser Hinweis Whiteheads so zutrifft, wie auf den der Freiheit. Oder mit den Worten Montesquieu´s: "Es gibt wohl kein Wort, dem man mehr unterschiedliche Bedeutungen gegeben hätte, als dem Wort Freiheit". Gleichwohl ist das Wort Freiheit, das Zauberwort vieler Generationen unserer Vorfahren. Diese warfen sich dafür in Kämpfe und Kriege. Sie wurden dann aber auch oft genug in obrigkeitliche Kerker oder gar Gräber geworfen. Waren ihre Träume und Opfer umsonst, oder hat es sich vielleicht sogar gelohnt? Freiheit, ist immer noch einer der zentralen Begriffe unserer Zeit[1]. Er ist aber nach wie vor, wie schon sehr lange, einer der umstrittensten und umkämpftesten unserer Geschichte. Aber gerade die momentane Entwicklung erweist erneut diese labile „Wirklichkeit" möglicher gelebter Freiheit weltweit. Es gab schon immer Kämpfe gegen eine, in den Augen der Mitglieder der jeweiligen Eliten, zu weit gehende Frei-

---

[1] wir haben Redefreiheit, Pressefreiheit, Bewegungsfreiheit, Menschenrechte und unabhängige Gerichte, aber auch eine sog. „Freie Marktwirtschaft" und die „Freiheit" uns manipulieren und durch Propaganda verdummen zu lassen.

heit für die Menschen, hier im Sinne von „allen Menschen" gemeint. Dies galt und gilt insbesondere gegenüber solcher aus den eher „unteren" Ebenen der Gesellschaft. Solchen Menschen steht doch, seit vielen Jahrtausenden angeblich, eine wirkliche Freiheit überhaupt nicht zu. Dies ist eine Einstellung, die immer häufiger mit dem Begriff Klassismus benannt wird, oder wie Pierre Bourdieu es sinngemäß ausdrückte, "klassenbezogener Rassismus".

Diese Bedrohungen der Freiheit allgemein, vor allem aber gegenüber den eben angesprochenen Menschen, werden aufgrund bestimmter gesellschaftlicher Entwicklungen - insonderheit den "unsichtbaren" - immer umfassender. Solche kommen zu den Bedrohungen aus dem Umfeld des linken, wie des rechten, insbesondere aber des religiös begründeten Terrorismus noch hinzu. Aber vor allem die heute besonders verbreiteten politischen Ideologien zeigen dies täglich. Ob diese dadurch erzeugten Widerstände aus der Verwaltung, bzw. genauer Bürokratie, den Parteien oder der Wirtschaft kommen ist einerlei. Diese werden aber permanent verheimlicht, verschleiert und/oder unterschätzt. Alle diese Kräfte versuchen Freiheit für alle zu verhindern, zumindest aber einzuschränken. Genau genommen benutzt ma´u (ab hier immer für man/frau) sogar die derzeit vorgeschobene scheinbare Freiheit, um wirkliche Freiheit zu untergraben und unerfahrbar werden zu lassen. Es ist genau das, was Niklas Luhmann mit den Worten "Freiheit... als Unerkennbarkeit der Ursachen von Unfreiheit" so präzise auf den Punkt bringt. Der folgende Text versucht eine Reihe solcher Umstände, sowohl historische, als auch systematische aufzuarbeiten und deutlich zu belegen. Dies deshalb, um mit begründeteren Ansätzen eine wirkliche Freiheit erneut zu ermöglichen vor allem aber mögliche Lösungsansätze einer umfassenderen Verteidigung derselben zu initiieren.

C.F. v. Weizsäcker machte in der Einleitung seines Buches „Der

Garten des Menschlichen" die wichtige und nach wie vor zutreffende Bemerkung der drei üblichen Sichtweisen und daher kommenden Sprachbesonderheiten in den entwickelten Gesellschaften auf diese selbst. Er benennt sie als religiös, naturwissenschaftlich und gesellschaftskritisch, wobei er hinzufügt, dass es der Philosophie zufalle den Zusammenhang der drei zu denken. Besonders entscheidend ist aber, dass nach seiner Erfahrung, die ich leider teilen muss, die „meisten Menschen, die einer dieser drei Denkweisen anhängen, die beiden anderen mit Misstrauen, wo nicht gar mit Abscheu betrachten". Ich erwähne diesen Hinweis deshalb, weil ich hier auf allen drei erwähnten Bereichen argumentieren werde. Ich bitte Sie aber liebe Leser*innen, meine Argumente ernst zu nehmen, denn sie werden nicht ohne Grund hier ausgebreitet. Vielleicht könnten Sie sogar ernsthaft darüber nachdenken, auch wenn sie nicht im Fokus Ihrer Sichtweisen liegen, oder nicht den „Bildern in Ihrem Kopf" entsprechen. Gerade das hier beabsichtigte Thema verdient dies in jedem Falle. Denn jeder Mensch, der ernsthaft über ein Thema nachdenkt, bringt etwas Richtiges zum Vorschein. Dieser hier sinngemäß zitierte Satz, ebenfalls von v. Weizsäcker, war der weitaus meisten Zeit meines Lebens über die entscheidende Richtschnur meiner Bemühungen um mir ein umfassenderes Verständnis unserer gesellschaftlichen Realitäten anzueignen. Diese lehrten mich aber unumgänglich, eben alle diese Bereiche und Ebenen von Sichtweisen ernst zu nehmen und darin zu forschen. Seit langem aber beziehe ich ausdrücklich auch die religiöse, die spirituelle, mystische und ernsthaft esoterische Ebene mit ein. Ich muss hier aber eines bemerken: natürlich kann ich hier keine umfassende oder gar völlig abgesicherte Sicht all dieser Umstände anbieten. Meine Absicht besteht vor allem darin, auf öffentlich wenig bekannte, vor allem aber oft bekämpfte und/oder tabuisierte Umstände hinzuweisen. Beurteilen Sie selbst, ob mir

dies gelungen ist. Dass Thema „Freiheit für alle lebenden Menschen auf der Erde" verdient dies absolut.

I. Kapitel, Weltsichtebenen

Was ist eigentlich Freiheit? Was verstehen wir vor allem heute darunter? Halten Sie es nicht für ziemlich unsinnig, solch eine Frage zu stellen? Jederma´u weiß doch heute wirklich, was Freiheit ist, was sie meint! Aber ist das wirklich so? Wenn alle wirklich wüssten, was Freiheit meint und bedeutet, warum ist sie dann nach wie vor so umstritten, so umkämpft, ja wird sogar missbraucht? Wäre es da nicht sinnvoll, nein dringend erforderlich, sie uns erneut etwas näher zu betrachten? Also uns ihre Voraussetzungen und Bedingungen anzuschauen, ob wir die denn wirklich alle verstanden haben und sie in unserem Alltag beachten und/ oder, wenn erforderlich auch verteidigen? Denn die Freiheit, die hier anschließend wirklich gemeint ist, ist keineswegs schon so lange bekannt, wie meist behauptet wird. Sie ist auch keineswegs das **erwünschte** Bedürfnis aller. Dies gilt schon gar nicht im Sinne eines der angeblich angestrebten Ziele unserer menschlichen Evolution. Wenn ich aber so argumentiere, muss ich angeben, was ich unter einer „menschlichen Evolution" verstehe. Wenn hier aber dieser Satz so betont wird, muss diese Evolution eine eigene, besondere sein. Es ist nun diese besondere Sicht auf unsere Evolution, nämlich im Sinne einer speziell geistigen, die im Folgenden wesentlich neue Sichtweisen insbesondere auch auf das Phänomen der Freiheit begründet, ja aus dieser folgt. Wie aber komme ich darauf unsere Evolution als alleine geistige zu verstehen?

Es war zunächst die ernsthafte Beschäftigung mit den Erkenntnissen Piagets über die geistige Entwicklung der Kinder. Dann aber die später folgende von Clair Graves'[2], speziell aber den Ergebnissen Jean Gebsers, die bei mir die Überzeugung festigte, dass die menschliche Evolution keine weiterführende biologisch körperliche ist, sondern eine geistige. Oder m.a.W., **wir Menschen sind die Träger der Evolution des Geistes** (mind). Professor Konstantin Korotkov, der weltweit bekannte Entdecker und Entwickler der Gas-Entladungs-Visualisierung mit Hilfe von Computern[3], mit deren Hilfe er feinstoffliche Prozesse in uns sichtbar machen kann, bringt es mit folgenden Worten auf den Punkt: Die Menschheit ist Träger „einer Informationsevolution. Es ist keine Evolution des physischen Körpers (damit auch nicht des Gehirns), sondern eine Evolution des Geistes (mind). Dieser Prozess findet im Laufe von mindestens einigen Jahrtausenden statt und hat sich in der letzten Zeit mehr und mehr beschleunigt"[4]. Diese Aussage bestätigt von völlig anderer Seite umfassend die Ergebnisse der Arbeiten von Piaget, Gebser und Graves. Was aber hat das Ganze mit der Freiheit zu tun?

Macht ma'u sich ernsthaft über Begriffe und damit natürlich auch über das Phänomen der Freiheit Gedanken, wird ziemlich bald deutlich, dass jedwede Vorstellung davon die Folge eines geistigen Prozesses ist. M.a.W., sowohl dessen Wahrnehmung als auch sein Verständnis brachten solche „Überlegungen" hervor. Oder noch anders: Es ist eben alleine unser Geist, der Begriffe be-greift und damit eine Sicht auf was auch immer ermöglichte und bis heute ermöglicht. Das gilt natürlich damit umfassend auch für den Begriff der Freiheit. Aber wie, welche

---

[2] die seinen den Studenten Beck und Cowan nach dessen Tod als „Spiral Dynamics" veröffentlicht wurden.
[3] die Entdeckung dieses Phänomens geht auf das Ehepaar Kirlian in den 30er Jahren des letzten Jh. zurück
[4] K.K. „Geheimnisse des lebendigen Leuchtens" S.128

Umstände setzen diese Sicht auf unser Denken allgemein voraus? Der Begriff Geist ist hier zu allgemein, um uns unsere Frage zu beantworten. Was macht jetzt eigentlich den Geist aus, von dem ich hier sprechen will? Es ist vor allem die in seiner Evolution hervorgekommene Verständnismöglichkeit einer abstrakten Sprache, also einer, die konkrete Sachverhalte in rein geistige Anwendungen überträgt. Sie ist damit das wichtigste Vehikel des Geistes und zwar genau in dem Sinne Piagets als „reflektierende Abstraktion", bzw. abstrahierender Reflexion. Sie überträgt auf diese Weise das erfahrungsmäßig erworbene Objekt in einem Be-Griff[5], in den jetzt mit Hilfe des Geistes abstrahierten sprachlichen Begriff. Damit ist die Sprache dasjenige für uns geistig Verfügbare, das uns überhaupt Reflexion und damit Geist, im Sinne von Denken, Entscheiden und damit selbstbestimmtes willentliches Handeln ermöglicht.

Denken und bestimmte Entwicklungszustände des Geistes sind damit Möglichkeiten und Fähigkeiten, die sich von Beginn an „in Evolution" befinden. Es ist diese Evolution des Geistes, die das Fundament unserer derzeitigen Selbst- und Welterkenntnis erst ermöglicht. Piaget entdeckte, dass diese Evolution des Geistes immer noch in jeder kindlichen Ontogenese stattfindet. Und Graves, dass wir in verschiedenen Menschen noch immer alle zuvor durchlaufenen [w-]Meme[6] auffinden können. Oder anders ausgedrückt; Graves entdeckte in seinen Forschungen zwar insgesamt acht beobachtbare Ebenen, aber diese sind keineswegs in allen Menschen existent. Es gibt Menschen, die immer noch auf früheren dieser Ebenen denken. M.a.W.,

---

[5] also nach Piaget das aus dem praktischen Be-Greifen gewonnene geistige Konstrukt.
[6] dieser Begriff wurde nach seinem überraschenden Tod von seinen Studenten Beck und Cowan für verschiedene Stufen, Wellen, oder Ebenen der Manifestation dieser Evolution vorgeschlagen.

jeder lebende Mensch erreicht seine je eigene Ebene – also alleine auf diese/n bezogen -, da sich die Evolution der ^{w}-Meme gerade durch die jeweiligen persönlichen, sprich familiären, gesellschaftlichen und kulturellen Bedingungen unterschiedlich schnell entwickelt. Diese Entwicklung kommt damit aber auch auf bestimmten, je individuellen „Ebenen" zum Stillstand. Aber eine Weiterentwicklung ist immer möglich. Allerdings setzt diese eine „innere" psychische Weiterentwicklung voraus, wie immer sich das dann zeigt. Etwas ist aber unbedingt zu beachten: Die jeweils erreichte Ebene ist keine Folge der zur Verfügung stehenden Intelligenz, sondern alleine Folge der in der je individuellen Situation begründeten Möglichkeiten.

Also ganz klar: Die Schwierigkeiten, die sich von Beginn an in der Beantwortung der obigen Fragen zeigen, beziehen sich grundsätzlich auf die Sichtweise auf unseren geistigen „Zustand". Diese setzen eine ganz bestimmte **geistige** Einstellung uns Menschen gegenüber voraus. Geben kann es diese aber erst, wenn wir über uns als „Einzelwesen" und Subjekte erkennend und verstehend nachdenken können. Die alles entscheidende Voraussetzung dieser Probleme liegt daher in dem Sachverhalt, der sich auf die Entwicklungsstufen unseres Geistes bezieht. Denn erst eine solche, hier speziell weiterentwickelte, macht eine solche Sicht auf uns möglich. Da ich diese bisher aber noch gar nicht dargestellt habe, ein solches Verständnis aber ohne diese Kenntnis nicht möglich ist, muss diese hier zunächst folgen, um unsere weiteren Fragen beantworten zu können.

Danz konkret; ab hier geht es jetzt zuerst um die Weltsichtebenen nach Graves, oder Strukturen nach Gebser. Bekanntlich beziehen sich die [w-]Meme, bzw. Weltsichtebenen und Bewusstseinsstrukturen[7] auf die Stadien unserer geistigen Entwicklung. Entscheidend ist aber, dass sie umfassend die Voraussetzungen unserer gemeinsamen Menschheitsgeschichte bilden. Oder anders formuliert: Sie sind die in bestimmten Zeiten erreichten Möglichkeiten unseres Denkens überhaupt. Noch anders formuliert kann ma´u auch sagen; sie waren die Voraussetzung dieser jeweiligen Erklärungen und daherkommenden Verständnisumstände der jeweils erlebbaren Wirklichkeit. Also konkret; der jeweiligen „Bilder im Kopf" eines je einzelnen Menschen, von Beginn an bis heute.

Bevor ich konkret auf diese Evolution eingehe nochmals deutlich; es ist die Freiheit, der einer der Grundbegriffe und/oder Zustände ist, um die es hier geht. Dieser Grundbegriff stand von Beginn an immer auch im Spannungsverhältnis mit anderen Werten. Zu den frühesten dieser „konkurrierenden" Werte gehört die Sicherheit. Sie war und ist von Beginn an der zentrale Wert des menschlichen Überlebens überhaupt. Ja, wie sich noch zeigen wird, konnte er auf den frühesten Ebenen oder Strukturen noch gar nicht gedacht werden. Die Sicherheit hingegen konnte aber von Beginn an sowohl im archaischen wie im magischen Stammesdenken nur in der Gruppe, dem Clan oder dem Stamm gefunden, bzw. gewährleistet werden. Anders ausgedrückt; ma´u musste sie nicht denken, da sie in unseren instinktiven Vorgaben enthalten war. Deshalb dienten eben auch alle persönlichen Aktivitäten und Anstrengungen deren Aufrechterhaltung. Oder anders ausgedrückt, dieses Verhalten war umfassend am Wir, also der Gruppe, dem Clan und/oder dem Stamm orientiert. Den Begriff „archaisch" benutzen Graves und Gebser, wobei Beck und Cowan noch die

---

[7] umfassendere Angaben zu den Weltsichtebenen und Bewusstseinsstrukturen finden Sie, verehrte Leser*innen in den meisten meiner anderen Bücher.

Farbe Beige dafür verwenden. Nach Gebser aber, der allen den von ihm dargestellten Strukturen die Fähigkeit des Erkennens von Dimensionen zurechnet, ist das archaische Denken nulldimensional. Es gibt noch keine Vorstellung einer Dimension. Bei ihm ist dann das magische Denken eindimensional und das dann folgende mythische Denken zweidimensional. Nach Beck und Cowan wird dazu das Stammesdenken mit der Farbe Purpur bedacht, wobei sie diese Farbbenennungen für die Ebenen deshalb vorschlagen, um dadurch „Überhebungen" über andere Personen zu vermeiden.

Gebser nun unterteilt jetzt die nach ihm folgende mythische Struktur in eine effiziente, am Wir orientierte Phase und eine zweite am Ich orientierte defiziente Phase. Auf der Grundlage der jüngeren geschichtlichen Erkenntnisse[8] muss ich hier entgegen den Vorschlägen von Graves Gebser zustimmen. In dieser effizienten Phase – etwa seit 12000 bis 8000, also rund 4000 Jahre - können wir zunächst den Hackbau und dann die ergänzende Kleintierhaltung beobachten[9]. Dieser ersten Phase folgt dann die defiziente am Ich orientierte Phase, die nach Graves als egoisch – Rot - zu verstehen ist. Auf Rot verkehrt sich das am Wir orientierte Denken jetzt in Richtung Ich-Orientierung in mehrfacher Hinsicht fast in sein Gegenteil. „Ich" opfere mich nicht mehr dem Stamm, sondern kämpfe nur noch für mich selbst, vor allem gegen jede Art von Zwang. Ab hier geht es jetzt nicht mehr um die Belange des Stammes sondern nur noch um die eigenen. Z.B. mein eigener Wille, guter Ruf, die Ehre, und vor allem und zuerst „Macht-über".

Es ist hier aber deutlich hervorzuheben, dass Macht nicht gleich Macht ist. So unterscheidet ma´u zwischen Macht-zu im

---

[8] siehe hierzu besonders Diamond, Scott und Bott.
[9] umfassende Darstellungen hierzu finden Sie in meinem Buch „Das Patriarchat".

Sinne von Handlungsmacht und Macht-über, die sich dann meist als Herrschaft etabliert. Macht-zu ist identisch mit der Vorstellung von Möglichkeit und Fähigkeit, auch im Sinne von „ermächtigt sein". Macht-über meint aber immer den Umstand „über" andere Macht auszuüben oder gar über diese zu herrschen. Und solche Kämpfe um Macht werden ab jetzt ohne Rücksicht auf Folgen oder gar Reue geführt. Ich habe immer Recht, Punkt. Also hat sich mir Alles zu fügen. Um irgendwelche Folgen kümmere ich mich nicht, denn die bleiben in aller Regel sowieso aus, entgegen der bisher immer vorgebrachten Behauptungen. Der bisherige Verlauf meines Lebens, in dem ich immer das Gegenteil getan habe, was ma´u mir immer sagte, ohne die angedrohten Folgen wie Krankheit oder gar Tod erleiden zu müssen, zeigt dies überdeutlich. Wer sich mir nicht fügt, hat die Folgen selbst zu tragen, notfalls werde ich sie ihm und erst recht ihr mit Gewalt beibringen oder antun. Ich setze immer meinen Willen durch und geht das nicht „nach oben", weil es hier Mächtigere gibt, dann eben „nach unten".

Mit diesem $^{w\text{-}}$Mem setzen nun alle die entscheidenden Änderungen ein, die bis heute die absolut grundlegenden Voraussetzungen unseres Denkens und Handelns hervorbringen, nämlich hin zum patriarchalen Denken. Die folgenden zwei Ebenen, also Blau und Orange, sind in wesentlichen Bereichen nach wie vor von diesen neuen „Errungenschaften" dieses $^{w\text{-}}$Mems mit-geprägt. Ich kann hier allerdings nur die wichtigsten andeuten. Zunächst ist dieser absolute Bezug auf das Ich und damit Trennung von den Anderen und dann auch der Natur - zumindest im Denken -, der Beginn dessen was wir später Polarität nennen werden. Wie schon angesprochen, entstehen auf dieser Voraussetzung als wesentliche Verhaltensnormen "Macht-über" und von daher legitimierte Gewalt zur Durchsetzung „meiner" egoischen Wünsche. Dies führt zu dem was wir bis heute das Patriarchat nennen, nämlich die Vorherrschaft der Männer. Aus dieser grundsätzlich von allem und jedem

„getrennten" Sichtweise „von mir her", entsteht aber auch der erste Schritt zu einer Distanzierung von der Natur, allerdings von da an bis heute, indem ich sie mir „unterwerfe" – siehe das AT „machet Euch die Erde untertan" -. Diese Einstellung hat sowohl positive wie negative Folgen: es ist der Beginn einer distanzierten Stellung gegenüber der Natur, die erst eine fragende und später im blauen, mentalen Denken wissenschaftliche Haltung der Natur gegenüber ermöglicht. Es ist eben der Beginn eines Denkens im Sinne der späteren Dualität, das zur Ausbeutung der Natur führt. Dann aber auch zur absoluten Unterwerfung anderer Menschen als Sklav*innen und von da aus mitbegründet zu einem grundlegenden Eigentumsdenken[10]. Der nächste entscheidende Punkt ist eine hier entstehende, die Menschen in ihren wichtigsten Gefühlen des Selbstwertes schädigende, Gehorsamserziehung.

Aber ein Umstand ist entscheidend. Hier gibt es immer noch keine Freiheit in unserem heutigen Verständnis von Entscheidungsfreiheit. Aber in unserem Zusammenhang ist hier etwas Wichtiges zu beachten; das älteste Wort für Freiheit, das wir aus Texten aus dieser Zeit kennen, bezeichnet den Umstand eines aus der Sklaverei befreiten Menschen. Er/sie war sozusagen ab jetzt "frei" (???), wieder über sich selbst zu verfügen. Also z.B. erneut frühere soziale Kontakte herzustellen, aus denen ihn/sie ja zuvor der Zustand der Sklaverei herausgerissen hatte. Wir müssen uns diesem Zusammenhang unten nochmals gründlicher annehmen. Im Laufe der Zeit aber verstand ma´u unter Freiheit so etwas wie eingeschränkte, insbesondere aber fremdbestimmte Handlungsfreiheit[11]. Es ist aber auf der Grundlage dieses Denkens nicht verwunderlich, wenn

---

[10] ich kann mit einem/r Sklaven*in tun und lassen was ich will. Dieses Denken wird dann auch auf Sachen und dann den Grund und Boden und noch später auf Produktionsanlagen ausgedehnt.
[11] siehe unten das Thema negative Freiheit.

ma´u von unserem Verständnis von Freiheit ausgeht, dass es in dieser Zeit immer wieder Diskussionen über Freiheit überhaupt gab. Das belegt der Beginn des Christentums und dann erneut im Mittelalter.

So bezeichnete ma´u im Mittelalter das als Freiheit, was ein Mensch, in der Regel ein Mann, als Gefolgsmann eines „höheren" Herrn im Sinne möglicher persönlicher Bedürfnisse ausleben konnte. Bedenkt ma´u z.B. den Umstand der Grundhörigkeit oder Leibeigenschaft, die ja Menschen direkt an den Grund und Boden, oder an einen Herrn banden, ohne jegliche persönliche Entscheidungsmöglichkeit in Richtung von persönlicher Bewegungsfreiheit, ist eine solche Betrachtungsweise nachvollziehbar. Hieraus folgt ein Denken, in dem jemand immer „freier" handeln konnte, je „mächtiger" dieser jeweilige Herr war. Denn umso umfassender, sprich „freier" war daraus herkommend seine Bewegungsfreiheit. Letztendlich entspricht diese Sicht von Freiheit der jeweiligen Möglichkeit von Machtausübung und zwar immer wieder im Sinne von Machtüber.

Wie ma´u hier sehen kann, sind uns solche Denkmuster zumindest vordergründig völlig fremd, insbesondere im Hinblick auf unser Verständnis von Freiheit heute überhaupt. Wir haben hier einen umfassenden Umstand dessen, was ma´u später „negative Freiheit" nennen wird, aber damit werden wir uns der hiermit verbundenen Bedeutung wegen, weiter unten ausführlich beschäftigen müssen. Noch ein letzter Hinweis muss in Bezug auf diese Ebene folgen, nämlich die ja immer mit dem jeweiligen vorherrschenden Denken einer Epoche verbundenen Herrschafts- oder Staatsform und die ebenso damit fundamental verbundenen Religionen. Die Staatsform in dieser Epoche des egoischen Denkens ist in aller Regel das, was wir heute Feudalreiche nennen und die Religionen dieser Ebene verkünden die uns aus der Sagenwelt bekannten Götterhimmel. Auch bei nur geringen Kenntnissen zu diesen Umständen ist bekannt, dass es auch hier keine Spielräume zu so was, wie persönlicher Freiheit, geschweige denn einem umfassenden selbstbestimmten persönlichen Selbst hätte geben können.

Die nächste Weltsichtebene Blau – oder die effiziente mentale Phase nach Gebser - wendet sich wieder als Identifikationsbezug vom „Ich" ab hin zum „Wir". Wie kann es aber in jeder Struktur zu diesen erneuten „Schwenks" kommen? Da auch Weltsichtebenen Holons[12] sind, ist es selbstverständlich, dass sich „horizontale" Bewegungen darin abspielen. Da hier in Bezug auf uns Menschen der „Horizont" immer zwischen „Ich" und „Wir" aufgespannt ist, sind solche Bewegungen in diesem Sinne zu erwarten. Das hat insbesondere damit zu tun, dass sich beim „Ausleben" einer jeweiligen Ebene gegen Ende ihrer Existenz die hier dominierende Orientierung – also am Ich oder Wir - immer deutlicher gerade auch in ihrer negativen Ausprägung zeigt, bzw. hervorkommt. In jeder nächsten transzendierten Ebene ist daher eine Abkehr von der davor dominierenden Orientierung selbstverständlich. M.a.W., die einzig mögliche „andere" Orientierung ist dann das dem Wir entgegengesetzte Ich oder umgekehrt, vom Ich zum Wir.

Nach den bisherigen Kenntnissen über die Ebenen ist diese Abkehr von der früheren Ebene auch mit einer zu starken Dominanz dieser Orientierung in dem Sinne begründet, da hier diese zu starke einseitige Orientierung am Ich oder Wir als immer stärkere Belastung der Menschen empfunden wird. Bei kritischem Blick auf die uns näher liegenden und daher bekannteren Übergänge ist dieser Umstand deutlich zu erkennen. Ich

---

[12] ein von Artur Köstler vorgeschlagener Begriff, der von seiner Bedeutung her alle „Realität" beinhaltet. In mehreren meiner Bücher habe ich ihn umfassend dargestellt. Sie finden ihn aber auch bei Ken Wilber.

werde bei den jetzt folgenden Übergängen jeweils darauf verweisen. Gebser sieht diesen "Übergang" von einer Struktur zur nächsten mit dem Begriff der Mutation etwas anders. Er meint dies im Sinne der Eigenständigkeit dieser Evolution, eine Sicht, der ich eher zuneige. In dem hier vorliegenden Falle, war die Dominanz der Herrscher einerseits sehr stark. Andererseits aber wurde für Menschen, die in das nächste $^{W\text{-}}$Mem geistig „weitergewachsen" waren, daher das herrschende $^{W\text{-}}$Mem besonders unerträglich. Der Grund ist der, dass erst auf den folgenden Ebenen die Schwächen der früheren besonders auffallen, bzw. da erst einsichtig werden. Von solchen Menschen kam dann ja auch die erste Kritik an diesen Zuständen und auch oft genug der darin dominanten Herrscher oder auch Religionen oder Ideologien.

Wie aber fällt die Reaktion „kritisierter" absoluter Herrscher aus? Ich denke jederma´u kann sich diese Reaktion ausmalen, gibt es dafür doch eine Menge geschichtlicher Fakten. Wenn Ihnen diese aber weniger geläufig sind, dann kritisieren Sie mal in Ihrem privaten Umfeld einen Menschen, der sich auf einer egoorientierten Ebene befindet. Der hat immer Recht und wenn seine Absicht nicht eintrifft, andere dafür verantwortlich macht. Diese/r wird Ihnen dann zwar nicht „den Kopf abschlagen", wie das ja in der Vergangenheit so üblich war, aber seine/ihre Reaktion lässt in der Regel nichts an Deutlichkeit in dem hier gemeinten Sinne zu wünschen übrig. Eine vergleichbare Reaktion erlebte ja noch Sokrates, der zwar keine absoluten Herrscher kritisierte, die es in Athen seiner Zeit nicht gab, sondern nur den „allgemeinen Zeitgeist" seiner Zeit. Aber auch solches genügt in der Regel, wenn es sich um die Menschen handelt, die die Macht innehaben.

Da dies in Athen die „freien Bürger" waren - auf diesen Ausdruck komme ich gleich nochmal zurück -, war deren Reaktion vergleichbar, was ja dann auch zum Todesurteil für Sokrates führte. Wo aber setzte die Kritik derjenigen Männer an, die sich in dem Denken ihrer Zeit nicht mehr „Zuhause" fühlten? Bei den Göttern, bzw. der allzu menschlichen Verhaltensweise derselben. Oder m.a.W. die in den damaligen Mythen vor allem aber Schauspielen[13] beschrieben und/oder dargestellt wurden. Dass auch diese Kritik schon damals nicht ungefährlich war, insbesondere wenn sich dadurch manche besonders einflussreiche Bürger angesprochen fühlten, musste auch und gerade Sokrates erleben, aber nicht nur dieser.

Historisch allgemeiner gesehen, gab es zwei wesentliche Richtungen, aus denen diese Kritik kam.

> Dies waren einerseits die wenigen Mystiker, die sich öffentlich wirksam äußerten, wie Lao tse in China im 6. Jh. v. Chr. und Buddha in Indien ca. 450 v. Chr. und dann natürlich insbesondere Jesus in Palästina. Alle diese Personen brachten durch ihre Lehren Religionen und damit umfassende Auswirkungen in den jeweiligen Gesellschaften hervor, die bis heute wirken. Die andere, für uns Europäer neben dem Christentum besonders entscheidende Gruppe waren andererseits jetzt die griechischen Philosophen. Dies begann bei den sog. Vorsokratikern, vor allem aber dann Sokrates, Platon, Aristoteles. Dann die besonders einflussreichen folgenden Schulen der Stoa Zenons, also die Stoiker und die Nachfolger Epikurs, die Epikureer.

Da es für uns entscheidend ist, aus unserem europäischen Hintergrund her zu argumentieren, will ich mich im Folgenden besonders auf die Rolle der Philosophen in diesem Zusammenhang beziehen. Vor allem aber dann natürlich auf Jesus und die

---

[13] diese enthielten gerade in Athen die wichtigsten „Lehren" über die Götter, deren angeblichem Denken und deren behauptetem Einwirken auf die Menschen

neu entstehende christliche Religion, die ja dann im Mittelalter die absolut dominante Trägerin und Verkünderin dieses Denkens war.

Dieses neue Blaue – Graves - oder dreidimensionale mentale – Gebser - Denken änderte aber auch die allgemein angewandte Sprache. Wir können dies heute am Satzbau beobachten. Diese „neuen" Sätze bestehen aus Subjekt, Prädikat und Objekt. Oder m.a.W., einem Subjekt, das über ein Prädikat auf ein Objekt einwirkt. Oder dieses Objekt zu dem Subjekt in Beziehung setzt. In dieser „neuen" Sprache liegt auch die Wiege der Logik und der Mathematik. Diese sind hieraus die entscheidenden Denkmöglichkeiten, die beide sowohl positive, als auch negative Folgen haben können, je nachdem, wie wir sie einsetzen und/oder nutzen. Das ist bis heute das fundamentale Problem aller folgenden Gesellschaften und deren sich darauf stützendem Denken.

Was ist aber jetzt neben der Wendung zum „Wir" das entscheidend Neue in dieser neuen Weltsichtebene? Erinnern wir uns: Rot war die absolute Dominanz „großer Männer" und im Himmel großer Götterväter. Diese waren aber nichts anderes, als die Projektionen solcher Männer „in den Himmel" aus ihren völlig überzogenen Selbstvorstellungen heraus und daher kommenden Darstellungen. Was aber hatte das für einen damals lebenden „normalen" Menschen für Folgen? Sein/ihr Leben war in umfassendem Sinne fremdbestimmt und zwar völlig unabhängig davon, auf welcher Weltsichtebene oder Struktur er/sie dachte. Ma´u kann zwar davon ausgehen, dass während dieser Epoche noch sehr viele Menschen Rot dachten und noch nicht unerhebliche Teile Purpur. Für beide war es aber kein wirkliches Problem sich in dieser „blauen Welt" wiederzufinden. Entweder war ma´u immer noch fremden Umständen unterworfen, oder ma´u bestimmte sie mehr oder weniger umfassend selbst.

Das änderte sich aber gründlich mit der „erweiterten" Sicht von Blau. Und zwar insbesondere in Richtung einer tragfähigen, von Menschen unabhängigen weil „vorgegebenen" absoluten Wahrheit. Vor allem aber einem damit zusammenhängenden, wie auch immer beschriebenen „Sinn des Lebens". Und es waren genau diese Bedürfnisse, die das neue ^{w}Mem Blau „bediente". In Blau geht es darum den Sinn und Zweck des Lebens zu „finden". Dadurch allem eine gewisse, außerhalb menschlicher Willkür liegenden Ordnung und Stabilität zu geben. Vor allem aber in dem damit begründeten gelebten Leben Prinzipien der Rechtschaffenheit zu erkennen, bzw. diese zu verwirklichen. Und es war natürlich selbstverständlich – wir sind wieder im „Wir" -, sich dafür erforderlichenfalls zu opfern, denn ma´u würde ja dafür „im Jenseits" belohnt werden. Dafür erdachte Mann eine einzige lenkende Kraft, die sowohl die Welt erschaffen hat und beherrscht, als auch unser Schicksal bestimmt. Und die durch diese Kraft = Gott geoffenbarte Wahrheit, beschert der Erde wie uns Menschen eine vorgegebene Struktur und Ordnung. Diese können wir bei entsprechender Beobachtung dieser Natur auch erkennen, so dass wir in der Lage sind dieses Leben als ein „Gutes" Leben (Platon) – im Sinne Gottes gedacht - zu leben. Mit dieser Metapher des „Guten Lebens" kommt jetzt erstmals ein Umstand zum Vorschein, der die folgenden Jahrhunderte umfassend als Rahmenerklärung gelebten Lebens dominieren wird. Da diese aber von so eminenter Bedeutung gerade auch für die Beantwortung der Entwicklung einer Idee gelebter Freiheit für Menschen bis heute ist, werde ich darauf speziell näher eingehen.

Es ist dieses Bedürfnis nach einer allgemeinen Ordnung innerhalb unserer allgemeinen Lebenspraxis die dem Leben einen Sinn gibt. Daraus kommt aber dann auch eine Besinnung, bzw. eine Art umfassenderen Verständnisses dessen zum Vorschein, was wir heute als Selbst verstehen. Damit ist aber noch nichts über so etwas wie persönlicher Freiheit ausgesagt. So macht Isaiah Berlin deutlich darauf aufmerksam, dass ma´u hier natürlich schon über Freiheit im Sinne von Handlungsfreiheit debattierte. Aber es existierte noch nirgendwo ein Begriff von Freiheit im Denken von Alternativen, geschweige denn von politischer Freiheit. Das gilt auch für ein so entscheidendes Werk in diesem Zusammenhang wie „Der Staat" von Platon. Ganz im Gegenteil zeigt es sich hier exemplarisch, dass die frühen Philosophen ihre Gedanken aus dieser Voraussetzung dieses Denkens heraus nur für die damals existierenden Eliten äußerten. Manchmal auch die, die ma´u dafür erklärte. Aber natürlich nicht für die Allgemeinheit des Volkes. Dieser Umstand wird noch in der Debatte um die neue Verfassung der neu entstehenden USA mehr als 2000 Jahre später entscheidend sein (s.u.).

Für Platon sind die „normalen" Menschen eh unfähig eine wirklich „gute" Regierung zu leiten. Nach seiner Überzeugung können dies nur Philosophen. Was aber bringt ihn zu einer solchen Überzeugung, die uns heute doch eher fremd anmutet? Schon weiter oben wies ich darauf hin, dass ma´u in Griechenland beginnt sich über die Natur allgemein und das „Gute" - hier im Sinne der dieser zugrundeliegenden Ordnung gemeint -, Gedanken zu machen. Platon beschreibt diese Aufforderung an Menschen, die dazu in der Lage seien so, dass ma´u deutlich erkennen kann, wen er damit eigentlich meinte. Genauer müsste ich sagen, welche Art von „Schau" auf die Natur hier eigentlich gemeint ist. Mit unseren heutigen Begriffen würden wir sagen, dass er eigentlich mystische Versenkung in sich selbst meint. Nur mit deren Hilfe könne ma´u alleine die allem zugrundeliegende Ordnung erkennen, wie es in seinem Höhlengleichnis so deutlich zum Vorschein kommt. Oder anders gewendet; offensichtlich kannte Platon Erleuchtungserfahrungen. Denn sowohl seine Ideenlehre als auch seine Hinweise über den Abstieg von Gott und den dann wieder folgenden

Aufstieg zu Gott im Denken von Menschen die das Gute geschaut hätten[14], lässt sich gar nicht anders widerspruchsfrei interpretieren. Ich bin mir zwar hier durchaus des Umstandes bewusst, dass ich hier eine Position gegenüber Platon vertrete, die eher wenige so sehen. Aber ich erinnere daran, dass ich hier insbesondere das Thema Freiheit in Blick habe. Und hier muss die ja nicht unbekannte abschätzende Einstellung Platons gegenüber der Demokratie[15] unbedingt im Blick bleiben. Denn diese schließt ja auch das Thema einer persönlichen Freiheit mit ein, die nach seiner Staatskonstruktion, wenn überhaupt, dann letztlich nur für die Philosophen existiert.

Also nochmals; Platons Betrachtung des Guten ist letztlich eine Innenschau. Das ändert sich grundlegend bei seinem Schüler Aristoteles. Zwar kennt auch dieser die Schau des Guten und lehrt diese auch, aber für ihn ist das eine „Außenschau", also im Grunde das, was wir heute als Vorläufer eines wissenschaftlichen Betrachtens und daher kommenden Denkens verstehen. Diese Einstellung ändert sich nun bei den Christen wiederum grundlegend in dem Sinne, dass das hier verstandene Gute die Schöpfung Gottes ist. Zur „Betrachtung" dieses Guten benötigt ma´u ab jetzt die geoffenbarte Wahrheit Gottes. M.a.W., wir erkennen hier von Beginn an das, was die kommende Dominanz der Kirche in Bezug auf Denken und Wissenschaft ausmachen wird. Nämlich die Überzeugung und daher kommende Lehre, dass es zwar richtig ist die Natur zu betrachten[16]. Aber Origenes änderte diese Vorgabe in dem Sinne, dass diese „Wahrheit", die ma´u bei der Beobachtung der Natur erkennen könne, immer mit der geoffenbarten Wahrheit Gottes

---

[14] also die allem zugrundeliegende göttliche Ordnung.
[15] Platon „Der Staat" 338c
[16] diesen Gedanken Platons hatte Origenes, der erste bedeutende Theologe der katholischen Kirche von Platon übernommen und in die Kirche eingebracht.

in der Bibel übereinstimmen müsse. Diese Grundeinstellung wird ab jetzt etwa 1500 Jahre das Denken des Abendlandes beherrschen und zwar unabhängig ob im Osten oder im Westen.

Auch das Denken von Möglichkeiten von Freiheit ändert sich grundlegend. Galt Freiheit in Griechenland und dann ebenso in Rom für die mögliche Handlungsfreiheit der gesellschaftlichen Elite[17], so änderte sich dies im Christentum grundsätzlich. Getaufte Christen waren ab jetzt in Jesus Christus frei, wie es Paulus immer wieder betont. Aber ma´u möge diesen Freiheitsbegriff in keiner Weise mit unserem derzeitigen Denken verwechseln. Frei meinte hier, dass Menschen zwar nach wie vor „äußerlich" den gesellschaftlichen Zwängen unterworfen waren. Aber das brauchte sie nicht im Innern zu „berühren", denn ihre Zukunft war „frei" in dem Sinne, dass sie spätestens nach ihrem Tode in die „Herrlichkeit Gottes" eingehen würden. Oder anders gewendet: die Mühsalen dieses Lebens waren eben bestenfalls diesseitig. Ma´u konnte sie völlig gelassen „über sich ergehen lassen", denn spätestens mit dem Tode waren diese Bande „gelöst". Ma´u sollte diese Wendung im Denken der damaligen Menschen keineswegs in ihrer Wirkung unterschätzen, wenn sich dies für uns heute auch eher unverständlich anhören sollte. Ma´u bedenke, dass das Leben der damals lebenden normalen Menschen in jedweder Hinsicht absolut beschwerlich war. Darüber hinaus aber auch noch durch die Machtverhältnisse zusätzlich in einem Ausmaß weiter beschwert wurde, das uns heute nicht mehr nachvollziehbar ist, Gott sei Dank.

Dies galt natürlich in noch umfassendem Maße für die

---

[17] der „Mittelstand", was immer ma´u in Rom darunter verstehen könnte, und natürlich vor allem der Plebs und erst recht die Sklav*innen kannten so etwas praktisch nicht.

Sklav*innen. In einem solchen Lebensgefühl absoluter Hoffnungslosigkeit[18], war eine solche Lehre dann besonders entlastend, wenn ma´u in der Lage war diese glaubend annehmen zu können. War zwar die „Belohnung" der „hier" ertragenen Mühsal erst im Jenseits zu erwarten, war dies aber doch für viele Menschen ganz offensichtlich die Befreiung eines Albtraumes, wie viele Berichte belegen. Nicht umsonst setzte sich das Christentum vor allem und zuerst in den unteren Volksgruppen durch. Zur Staatsreligion wurde sie aber erst, nachdem die Kirche wichtige Lehren Jesu und auch von Paulus geändert hatte. Erst dadurch wurde sie auch für die „oberen" Gruppen und den Begüterten annehmbar. Was hier aber in gar keinem Falle übersehen werden darf ist der Umstand, dass ab jetzt die Kirche zu den wichtigsten Stabilisatoren machthierarchisch organisierter Herrschaft wurde und bis heute ist. Das mag zwar vielen Gläubigen nicht so gefallen, aber jeder auch nur einigermaßen unvoreingenommene Blick auf die Geschichte belegt das umfassend. Wenn ma´u aber bedenkt, dass die wichtigsten Interpreten der kirchlichen Autorität, nämlich Paulus und insbesondere Augustinus aus einem von Autorität dominierten Denken herkamen und von daher argumentierten, ist dies natürlich schlicht zu erwarten.

Noch zwei weitere Umstände sind gerade in diesem Zusammenhang in Bezug auf die Idee der Freiheit zu beleuchten, weil gerade auch diese eine persönliche Freiheit unmöglich machten, zumindest „hier auf Erden". Um was es hier geht, ist erstens die durch die Kirche bzw. ihre Lehre bestätigte Hierarchie „im Himmel und auf Erden", die sich seither immer konkret als Machthierarchie darstellte. Oder anders ausgedrückt: der „göttliche Plan" weist jedem seinen Platz zu. Und wenn dann

---

[18] Bezogen auf die völlige Abhängigkeit von den Eigentümer*innen, die ja ein solches Leben absolut beherrschten, einschließlich einer völlig willkürlichen „Entlassung" aus diesem Zustand.

noch ein Mann wie der hl. Augustinus jedwede Beschwernis des Lebens wegen der behaupteten Erbsünde als gerechtfertigt interpretierte, gab es erst recht kein Entrinnen, gerade auch nicht im Denken. Auch die Auswirkungen dieser Lehre und daher kommenden Denkens ist uns heute kaum noch nachvollziehbar. Nehmen wir als Beispiel eine ganz normale Handwerkerfamilie in einer deutschen Stadt gegen Ende des Mittelalters, also noch im 14., 15. und oft noch 16. Jh. Der Sohn des Meisters hatte nicht die mindeste Chance einen Wunsch nach einem möglichen eigenen Beruf zu äußern, oder gar umzusetzen, sofern er solches überhaupt hätte denken können. Er war von Beginn seines Lebens an der zukünftige Meister in der väterlichen Werkstatt, die dann ja seine war, und so fort, von Generation zu Generation. Daher hatte er auch neben seinem Vornamen oft keinen Familiennamen. Er war der Bäcker Franz von da und da, oder der Schuster Fritz usw.

Das galt natürlich für alle Menschen von „oben" bis „unten". Wenn wir heute lesen, dass im Mittelalter in Klöstern niemals Mitglieder „normaler" Familien Führungspositionen erhalten konnten, sondern immer nur Mitglieder des Adels, so hatte auch dies hier seinen eigentlichen Grund. Dies hing schlicht mit ihrer einzubringenden „Mitgift" - meist in Form von Grund und Boden – zusammen, die die Familien der Mönche und Nonnen einzubringen hatten. Dies sei der Vollständigkeit halber nicht unterschlagen. Aber entscheidend war dies nicht. Es ging alleine um den „Stand" und sonst nichts. Nebenbei bemerkt lag hier einer der entscheidenden Gründe für den immens wachsenden Reichtum der damaligen Klöster. Dass sich sowohl dieses Hierarchiedenken als auch der wachsende Reichtum der Kirche aber auch nicht in Ansätzen mit der Lehre Jesu in Bezug auf Besitz und Eigentum in Einklang bringen lassen, sei ebenfalls nicht unterschlagen, „juckt" aber die Kirche bis heute nicht.

Der zweite Aspekt, der selbständiges Denken und damit persönliche Freiheit unmöglich machte, folgt aus dem Anspruch der Kirche absolute Wahrheit zu verkünden. Diese war schlicht und einfach glaubend anzunehmen, aber natürlich in gar keinem Fall zu hinterfragen. Eine solche Möglichkeit schloss allerdings das blaue Denken sowieso aus. Blaues Denken existiert dann, wenn es von einer „übergeordneten" Autorität vorgegebene Wahrheiten in absolutem Glauben übernimmt und in darauf begründetem Vertrauen gemeinsam[19] verteidigt. Wie die Geschichte lehrt, konnte und kann[20] diese Verteidigung auch bis zur Selbstaufopferung führen. Dabei wurde und immer wieder wird diese Wir-Identifikation auch auf Parteien und Ideologien übertragen. Gerade die jüngere Geschichte liefert dafür umfassende Belege. Dass diese Identifikation in aller Regel bei „Bedarf" gewaltsam befohlen wurde und wird, ist eine Binsenweisheit, ist seinerseits aber im patriarchalen Erbe begründet.

Das ^{w-}Mem Rot hatte ja das patriarchale Denken und Handeln im Sinne von Herrschaft und Gewalt „in die Welt" gebracht. In Blau war das natürlich keineswegs verschwunden, wie ja die entstehenden Großreiche von China über Indien bis Rom und dann am ausgehenden Mittelalter den europäischen Reichen so deutlich belegen. Neu ist allerdings, dass jetzt die Begründung einer gesellschaftlichen Position vom Bezug auf bestimmte Personen entweder zum „Interesse" des Reiches oder der Religionen wechselte. M.a.W., Kriege, die jetzt geführt wurden, wurden nicht mehr mit persönlichen Interessen einzelner Personen begründet[21], sondern in Bezug auf die damit immer unterstellte „Wir"-Identifikation. Bekanntlich galt dies

---

[19] in Bezug auf die durch das Wir „gestiftete" Wahrheit.
[20] siehe die derzeitigen Selbstmordattentate, die ja hier ihre Begründung herholen.
[21] obwohl dies natürlich sehr wohl in aller Regel „im Hintergrund" der Fall war.

noch umfassend im letzten Jahrhundert und häufig noch heute. Solche Denkmuster „sterben" nur langsam bis gar nicht aus, leben doch in allen Gesellschaften bis heute noch sehr viele Menschen, die nach wie vor auf den hier besprochenen Weltsichtebenen denken. Diese kann ma´u dann besonders gut mit entsprechenden „Parolen" dazu bewegen, sich für ihre Ideale „im Denken" zu opfern. Diese Lehren hatten aber dann im ausgehenden Mittelalter zu einer enormen Knebelung und Unterdrückung sowohl einzelner Personen, als vor allem auch der Lehre selbst geführt. Alles und jedes hatte sich dem Diktat der Kirche und deren Lehren zu unterwerfen. Hier liegt erneut der entscheidende Grund für die anstehende Wende zurück zum „Ich" von Orange.

Mit der – etwa ab dem 15. Jh. - aufkommenden rationalen Weltsichtebene, also Orange, haben wir aber auch das heute immer noch dominierende [w-]Mem vor uns, das wir uns daher besonders gründlich anschauen müssen. Um es vorweg nochmals besonders zu betonen: das Wichtigste dieses neuen [w-]Mems ist wieder der Wechsel vom „Wir" als Fokus der Identifikation, hin zum „Ich". Vor allem daraus entwickelte sich gegen Ende des Mittelalters eine kritischere Sicht auf sich selbst und die Welt, die zwar einerseits von der Kirche immer rücksichtsloser bekämpft wurde[22], die sich aber nicht desto trotz immer stärker bemerkbar machte. Die Ironie der Geschichte zeigt sich aber gerade darin, dass eines der neuen Denkmuster, nämlich die Suche und das Bedürfnis nach dem, was wir heute „das süße Leben" nennen würden[23], oft und gerade von Kirchenführern vorgelebt wurde, also vor allem Päpsten und Erzbischöfen bis Bischöfen. Dies ist deshalb so auffällig, weil es ja in der Kirche schon länger und auch jetzt immer erneut den

---

[22] siehe die Inquisition, die ja nicht umsonst in dieser Zeit entstand.
[23] also die Befriedigung der Bedürfnisse einer Person, bzw. eines Individuums

Ansatz gab und weiterhin gibt, die Verbindung zu Gott nicht im „äußeren" Leben zu suchen, sondern im „inneren". Wir erkennen hier die Gebote vieler Mönchsorden und dass gerade in dieser Zeit mit Franz von Assisi erneut ein solcher Mann auftrat, ist mehr als bezeichnend.

Ich will hier aber keine Kirchengeschichte betreiben, sondern auf einige weitere wichtige Schritte in der Richtung hin zur Rationalität und ihren Folgen hinweisen. Ein wichtiger Beleg der kommenden Entwicklung hin zu einer völlig neuen Sicht von Mensch und Natur liefert die damalige Kunst, einerseits mit der völlig neuen Portraitmalerei und andererseits der „Entdeckung" der Perspektive. Ganz wichtig für die schnellere Verbreitung neuer Gedanken und Ideen wurde aber besonders die neu erfundene Drucktechnik. Auch die Anhäufung immer größerer Mengen materieller Güter, vor allem wieder in der Kirche, hier dann speziell in Rom – Ablasshandel –, diente immer mehr Menschen, auch in der aufstrebenden Kaufmannsschicht, als Anreize und Rechtfertigung solche Güter zu horten. Das führte dann zu den ersten wirklich reichen Familien[24], siehe in Deutschland Fugger und Welser. Geradezu revolutionär aber war die einsetzende Entwicklung in den kommenden Wissenschaften, die ja ihrerseits gerade auf der Entwicklung der Rationalität gründen. Alle diese Entwicklungen setzen aber vor allem ein Denken im Sinne von **freiem** Denken voraus. Die Ergebnisse eines jetzt ab und zu möglichen selbständigen Denkens machten sich schnell in neuen Techniken bemerkbar, die ihrerseits zu weiteren umwälzenden Veränderungen führten. Ma´u beachte

einerseits die Heraufkunft der Manufakturen, die die

---

[24] gemeint ist hier speziell monetärer Reichtum außerhalb von Kirche und Adel, der sich ja zuvor vor allem auf Grundbesitz als Basis dieses Reichtums stützte.

Vorläufer der späteren Industrialisierung darstellen. Andererseits aber dann die Entdeckungsfahrten, die die daraus folgende Kolonialisierung der Welt in Gang brachten.

Dass alle diese Entwicklungen wie immer sowohl positive wie negative Folgen zeitigten, entspringt dem schon erwähnten Grundsatz, den es immer zu beachten gilt: alles was wir Menschen erfinden oder hervorbringen ist zunächst ganz grundsätzlich ein „An-sich", ein Holon oder Sein, also ein „an-sich-Seien-des" (Heidegger) und damit Selbständiges. Es hängt immer von uns Menschen ab, wie wir dieses dann nutzen, ob zu unserem Vorteil oder Nachteil, liegt alleine in unserer Macht und Möglichkeit. Allerdings werden diese jeweiligen „Nutzungen" immer auch von den jeweiligen Denkmustern der betreffenden Weltsichtebenen, aber ganz besonders der herrschenden Klassen und deren Interessen entscheidend mitgeprägt. Und noch ein letztes Wirkungsfeld, das aus dem neuen Denken entstand ist zu beachten, die Konkurrenz nämlich. Aber auch dazu später mehr.

Besonders bedeutsam und für unser Thema der Freiheit bezeichnend, sind noch andere Aspekte. In der Gesellschaftstheorie wird immer wieder von den „Großen Drei" gesprochen. Es sind deren jeweilige gesellschaftliche „Zustände" zur Beurteilung einer Gesellschaft gerade im Hinblick auf die Beurteilung dessen, was diese Gesellschaft unter Freiheit versteht. Vor allem aber wie sie deren freie Entfaltung zulässt. Gemeint sind Moral, Kunst und Wissenschaft. Sind diese "frei" in dem Sinne, dass sie unabhängig voneinander gelebt und von außen unbeeinflusst erforscht und beschrieben werden können, können wir von einer freien Gesellschaft sprechen. Ist dies nicht der Fall, sollte dies ein höchstes Alarmzeichen sein. Als wichtiges und besonders bezeichnendes Beispiel sei hier nochmals das ausgehende Mittelalter genannt. In dieser Zeit hatte sich ja die

Kirche die Autorität angemaßt, alle drei Bereiche zu dominieren. Nämlich ihre Inhalte, Studienmöglichkeiten und die dadurch bedingte Lebenspraxis im von ihr vorgegebenen einheitlichen Sinne zu bestimmen.

Es war aber die sich entwickelnde Moderne, die sich besonders dadurch auszeichnete, dass sie diese drei sich weitgehend selbständig entwickeln ließ. Dies zeigt sich besonders darin, wie sie Kant in seinen drei Kritiken darstellte. Es ist aber mehr als bezeichnend, dass wir momentan eine vergleichbare Entwicklung durch die immer umfassendere „Einheit" von Wissenschaft, Wirtschaft und Politik beobachten können. Oder anders formuliert, alle drei Bereiche werden immer deutlicher von wissenschaftlichen Interpretationen und wirtschaftlichen und machtorientierten Interessen „vereinnahmt" und beherrscht. Das sollte uns unbedingt besonders „hellhörig", vor allem aber deren immer lautstärker erhobenen Vormachtansprüchen umfassend vorsichtiger machen. Hier ist aber dringend auf die wenig bekannte "Ein"-Wirkung auf diese durch die im Verborgenen agierenden, aber gerade daher absolut einflussreichen Geheimgesellschaften hinzuweisen. Allerdings ist dies für mich auch ein Zeichen dafür, dass sich Orange als dominierendes [w-]Mem seinem Ende im Sinne einer besonderen Dominanz nähert, wie wir dies ja auch am ausgehenden Mittelalter bei Blau beobachten konnten.

Aber jetzt ganz konkret: Orange ist das [w-]Mem, in dem von Beginn seiner sich immer weiter ausbreitenden Dominanz an das Individuum als „mein" Bewusstsein von „mir" als Grundlage eines erneut am Ego orientierten menschlichen individuellen Seins durchsetzte. Natürlich begann auch diese Entwicklung langsam und mit großen Geburtswehen. Um nur ein Beispiel zu nennen: noch im 18. Jh. konnte es für einen Menschen gefährlich werden öffentlich die Religion und damit die Kirche infrage zu stellen. Zu beachten ist hier der Umstand, dass wir in dieser Zeit immer noch[25] in der „Hochzeit" des Absolutismus lebten. Immer noch galt die Begründung dieser Regierungs- und damit Gesellschaftsform als „von Gottes" Gnaden einge- setzte. Das stützte die Kirche und die Regierungen, wodurch sie unangreifbar geworden waren. Von daher wurde jede Kritik an der Religion grundsätzlich von den Herrschenden sofort auch als Kritik der bestehenden Ordnung aufgefasst und um- gekehrt. Die Beispiele Giordano Bruno und Voltair, um nur zwei zu nennen, sind hier sehr deutlich. Und in welchem Aus- maß sie mit dieser Reaktion in ihrem Interesse Recht hatten, zeigte ja die Entwicklung der Freiheitsbewegungen in der Schweiz, Hollands in England, der Unabhängigkeitsbewegung in den zukünftigen USA. Vor allem aber ganz besonders in der dann voll ausbrechenden französischen Revolution. Aber das sind schon „End"-Bewegungen einer Entwicklung, die natürlich viel früher begann. Eine dieser Entwicklungen können wir in der immer „freier" werdenden Wissenschaft erkennen. Was meint das?

Wie schon erwähnt, hatte ja die Kirche noch kurz zuvor die Do- minanz über die Wissenschaft in dem Sinne eingefordert und behauptet, dass die Theologie die „erste" Wissenschaft war. Damit war gemeint und auch von der Kirche teils rücksichtslos durchgesetzt, dass **sie** entschied, was als „wahr" öffentlich ver- kündet werden durfte. Der Fall Galilei ist dafür ein besonders deutliches Beispiel. An diesem Zusammenhang zeigt sich auch eine gegenseitige Zugehörigkeit von Wahrheit und Freiheit, auf die wir noch zurückkommen müssen. Etwas weniger bekannt, aber letztlich aus den gleichen Gründen betrieben, war der Fall von Giordano Bruno. Dieser widerrief ja entgegen Galilei seiner

---

[25] mit den wichtigen Ausnahmen der Schweiz, England und in gewis- sem Umfange auch Holland.

der Kirche widersprechende Lehren nicht und wurde deswegen am 1.1.1600 öffentlich verbrannt.

Aber die Entwicklung ließ sich nicht mehr aufhalten, hatte doch schon Thomas von Aquin erkannt und gefordert, dass die Lehre an den damals immer zahlreicher gegründeten Universitäten grundsätzlich frei sein sollte. Damit war aber besonders frei von der theologischen Bevormundung gemeint. Wie ma´u dann beobachten konnte, führte diese Forderung auch an den Universitäten selbst zu heftigen Auseinandersetzungen. Fast alle Lehrer waren ja damals Mönche und diese versuchten lange die Dominanz der Theologie zu verteidigen. Dafür gibt es viele Belege aus Paris, Köln und anderen Universitäten, die damals führend waren. In dem Zusammenhang der Bestärkung der Unabhängigkeit von Forschung und Lehre setzte sich dann immer stärker ein Prinzip durch, das bis heute gilt. Nämlich dass ein einmal berufener Professor grundsätzlich in seiner Forschung und Lehre frei ist. Natürlich nur so lange er nicht gegen geltendes Recht verstößt. Dieser Umstand ist gerade im Hinblick auf die Entwicklung der Wissenschaften gar nicht hoch genug einzuschätzen.

Die Entwicklung der Wissenschaften untergrub aber von Beginn an eine schon seit Jahrtausenden geltende Doktrin. Die allgemeine Überzeugung nämlich, dass alles Existierende von den Göttern und dann von Gott geschaffen worden war. Vor allem aber weiterhin seinem Willen – siehe den Theismus -, oder zumindest seinen vorgegebenen Bedingungen – siehe Deismus – unterworfen war. Im theistischen Denken konnte ma´u seit Platon und dann der Kirche entweder durch „vernünftige" Beobachtung - etwas flapsig ausgedrückt –,die geoffenbarte Wahrheit erkennen, insbesondere wie das „Ganze funktioniert".

Grundlegend an dieser Sicht ist

erstens der Umstand, dass wir Menschen Teil dieser Schöpfung sind und daher sozusagen nur „von Innen" schauen können.

Zweitens war es seit den Griechen wenigen Menschen vorbehalten sich darüber Gedanken zu machen, die Grundlage dessen zu erforschen, was als „das Gute Leben" angesehen wurde.

Die umfassenden Folgen dieses Denkens in Bezug auf die gesellschaftliche Ordnung und daher kommende Sicht auf die menschlichen Verhältnisse werden weiter unten vorgestellt. Die moderne Wissenschaft aber entwickelte entgegen dieser Vorgaben einen Blick „von außen" und dieser sollte auch noch rein „objektiv" sein, wie es Descartes in seinen „Meditationen" begründete. Er brachte dabei aber nichts anderes auf den Punkt als das, was in dieser Entwicklung eh schon praktiziert wurde. In die gleiche Richtung dieses neuen Denkens verwies das berühmte „Ockham´sche Rasiermesser". Beide Äußerungen richteten sich ganz speziell auch gegen die bisher gültigen Erklärungen der Natur „von Gott her"[26]. Sie waren daher auch von Beginn an und dann immer umfassender eine deutliche Kampfansage an die Religionen. Denn diese Aussage zerstörte ja dadurch auch die Überzeugung bei vielen Menschen im Sinne von "an etwas glauben". Von jetzt an wurde nicht mehr der Glaube entscheidend, sondern das Wissen. Dass diese Sicht letztlich auch eine Form des Glaubens ist, werden wir noch sehen. Wenn aber das Denken einer Weltsichtebene der ersten Ordnung so dominant wird, hat dies immer ganz schlimme Folgen sowohl für ein ganzheitliches Denken, als auch daherkommendem Verhalten, wie sich immer deutlicher zeigt und dringend überwunden werden muss.

---

[26] zumindest in dem Sinne, dass ma´u diese „Vorgaben" Gottes durch Beobachtung erkennen könne.

Im gleichen „befreienden" Geist entstand die Reformation Luthers, die ja nach ihm von weiteren Reformatoren zum Teil weiter „verschärft" wurde. Was meint das? Luther war ja gegen den absoluten Machtanspruch der Kirche angegangen. Dabei bezog er sich auf die durch die Kirche gewährte „Erlösung von Sünden" – siehe das Thema Ablass -. Luther vertrat dabei die Meinung, die ja auch von der Bibel belegt ist, dass eine solche „Erlösung" alleine von Gott gewährt werden könne. Dieser Angriff gegen die Autorität der Kirche entsprang nicht zuletzt dem gleichen Gefühl der Ablehnung des Allmachtanspruchs der Kirche, wie die der Wissenschaft. Dabei ist ganz wichtig zu beachten, dass Luther in der auch von ihm erwünschten Veränderung den einzelnen Menschen im Blick hatte. Denn diese/r stand ja mit seinen/ihren Sünden alleine Gott gegenüber. Hier war er/sie alleine auf dessen Gnade angewiesen, bzw. musste und konnte sich auf diese verlassen.

Diese Position Luthers ist zwar schon sehr „individuell" und „frei", aber noch sehr der augustinischen Lehre der durch den Sündenfall begründete „Verderbtheit" der Menschen – also die Lehre der Erbsünde - verpflichtet. Diese Sicht wurde jetzt von Calvin in dem Sinne noch verschärft, indem dieser die auch schon bei Augustinus angesprochene Prädestination[27] absolut setzte. Für die Zukunft entscheidend wird aber jetzt, dass sich alle verschiedenen Reformbewegungen

> einerseits ganz entschieden zum einzelnen Menschen als für sich selbst Verantwortlichen bekannten, andererseits aber jede Hierarchie ablehnten und bekämpften, zumindest vordergründig.

Bei Luther kommen seine in eine solche Richtung weisende

---

[27] die von Gott vorgegebene Erlösung und der von daher festgelegte Aufstieg in den Himmel.

Überlegungen in folgenden Forderungen zum Ausdruck: in seinem Reformprogramm befürwortete er

ein staatliches Bildungswesen,
Armenfürsorge, sowie

die Abschaffung von Zölibat und Kirchenstaat. Außerdem „verkündete" er die Lehre vom Priestertum aller Getauften, mit der er die traditionelle Hierarchie zwischen Klerikern und Laien abschaffen wollte.

In seiner Hauptschrift "Von der Freiheit des Christenmenschen" vertritt er die Lehre der "evangelischen Freiheit". In Anlehnung an die Zwei-Naturen-Lehre leb danach ein Christ immer in zweifacher Hinsicht:

Im Blick auf Gott und
im Blick auf die Welt.

Ganz entscheidend wird hier die Auffassung, dass ein Mensch „im Blick auf die Welt" seinen Glauben durch „gute Werke" zu bewähren habe, was immer das dann heißen mag. Es ist gerade diese Seite der Reformation, die nun durch Calvin in dem Sinne weiter entwickelt wird, dass „gute Werke" grundsätzlich alles ist, was wir Menschen „im Angesicht Gottes" überhaupt tun können. Dahinter steht die Auffassung, dass Gott die Welt gut erschaffen hat. Siehe die Schöpfungsgeschichte. Daraus zieht er nun den Schluss, dass wir Menschen mit unseren Grundbedürfnissen, wie dem Drang nach Lust und dem Bedürfnis nach Arbeit, dann wenn wir dies umfassend tun, genau dieses „Gute" leben. Oder anders gewendet, Ehe und Arbeit mit ganzer Hingabe gelebt, ist sozusagen Gottesdienst.

Es ist ganz offensichtlich, dass sich diese Auffassung, in zentralen Bereichen gegen die bisherige Lehre der Kirche wendet.

Aber auch in erheblichem Maße gegen die klassische Metaphysik. Diese wurde ja seit Origenes in Gestalt von Platon und seit Thomas von Aquin in Gestalt von Aristoteles in breitem Raum innerhalb der Kirche vertreten und gelehrt. Es waren dann insbesondere die Puritaner, die diese Lehre Calvins in besonders intensiver Weise vertraten und lebten. Da aber dieser Zusammenhang so komplex ist, kann ich ihn hier nur kurz erwähnen. Ganz entscheidend ist aber, dass sich in dieser neuen „Sicht der Welt" diese neue Ethik und die neue Wissenschaft, vor allem aber Wirtschaft entschieden „begegnen" und in ihren Wirkungen ergänzen. Sowohl der wissenschaftliche Blick auf die Welt, als auch der private, hat in diesem neuen, von einem Individuum ausgehenden Denken desengagiert und objektiv zu sein (siehe Descartes).

Im weiteren Verlauf der Entwicklung wenden sich ab jetzt immer mehr Menschen von der Kirche ab. Vor allem aber die Wissenschaft wird im Zusammenhang mit dem Sensualismus radikal empirisch. Sie wird ab jetzt zu einer ideologischen materialistisch-mechanistischen Interpretation der „Einheit des Wirklichen". Oder zu dem, was Ken Wilber als Flachland bezeichnet. Oder wie ich es schon an anderer Stelle bezeichnete, als einäugig. Im gesellschaftlichen Denken bestimmt ab jetzt die utilitaristische, also nur am Erfolg und dem Nutzen orientierte Einstellung die Handlungen von immer mehr Menschen. Dies drückt sich besonders in dem aus, was ma´u seither die evangelische Arbeitsmoral nennt. Vor allem aber bestimmt sie die Grundeinstellung zur Entwicklung der Industrialisierung und zu einem kapitalistischen Denken, wie dies Max Weber deutlich betont.

Ma`u kann darin aber auch deutlich ein weiteres "Schwergewicht" des rationalen Denkens erkennen, die Konkurrenz nämlich. Warum aber ließen sich die Menschen immer mehr auf dieses Denken ein? Um dies zu verstehen ist zu beachten, dass ma´u allgemein davon überzeugt war, ein an diesem Denken orientiertes Verhalten, würde dann sowohl dem Einzelnen „dienen", damit aber auch das Optimum für alle bedeuten[28]. Diese Entwicklung führte hin zu einer rücksichtlosen Um- und Durchsetzung von Eigeninteressen insbesondere der reicheren Teile der Gesellschaft[29]. Diese Sicht wird dann noch durch die Darwin'sche Evolutionstheorie verschärft. Einige Theoretiker deuteten diese nämlich als Sozialdarwinismus um. M.a.W., die wirtschaftlich Erfolgreichen sind „besser" als andere und können sich daher ohne Rücksicht auf was auch immer zu nehmen „durchsetzen". Dieser wurde dadurch zur Voraussetzung und Legitimation gesellschaftlichen, vor allem aber wirtschaftlichen Handelns. Siehe besonders Herbert Spencer, um nur einen von vielen zu nennen.

Aus diesen Entwicklungen folgten aber auch andere Sichtweisen. Nämlich

> auf der einen Seite die Hinwendung zur Romantik im Sinne einer expressiven Ausdrucksform von Gefühlen und Gedanken.
> Aber auf der anderen Seite hin zum Agnostizismus und Atheismus.

Aber alle diese Entwicklungen verbindet eine gemeinsame Klammer. Gemeint ist die Überzeugung einer grundsätzlich existenten individuellen Autarkie und persönlichen Verantwortung. Dieses Denken lieferte so letztlich die Fundamente von Freiheit, wie sie ja der sich neu entwickelnde Liberalismus umfassend vertrat. Dies galt aber mit - wenigen Ausnahmen[30] - speziell nur für das Bürgertum.

---

[28] als Begründung siehe hier auch die Markttheorie von A. Smith, der ja darin genau dies behauptet.
[29] hier besonders in den USA, siehe Tocqueville.
[30] siehe z.B. Rousseau

Eine weitere Folge dieses Wandels im Denken der Menschen, der sich immer mehr an den Wünschen und Bedürfnissen der Menschen selbst orientiert, entsteht seit etwa dem 18. Jh. in dem was wir heute als „Ehe aus Liebe" verstehen. Dabei setzte sich dieses Denken über die älteren Vorgaben oder gar Vorschriften hinweg. Was meint das? Ehe, sofern sie überhaupt erlaubt war[31], war bestimmt durch familiäre und Wirtschafts- oder Machtinteressen. Sie wurde daher von den Eltern oder gar der Familie vorgegeben. Ab jetzt fordern aber immer mehr junge Menschen das Recht, sich ihre Ehepartner selbst aussuchen zu dürfen und zu können. Dieser „Kampf" um Selbstbestimmung in einem fundamentalen Zusammenhang zwischenmenschlicher Verhältnisse, ist bis heute noch nicht endgültig „gewonnen". So versuchen doch selbst bei uns immer noch viele Familien „ihre" Bedürfnisse ihren Kindern aufzureden. Wie das aber immer noch für unsere Mitbürger*innen mit Migrationshintergrund aussieht, kann ma´u oft genug in den Zeitungen lesen.

Es sei nochmals daran erinnert, dass alle diese Entwicklungen aus einer sich immer umfassender durchsetzenden Grundeinstellung des rationalen, am Ich orientierten Denkens herkommen. Diese stellt alleine den einzelnen Menschen in den Mittelpunkt. Dabei wird immer wieder besonders auf seine desengagierte Vernunft und zunehmend auch seine Gefühle verwiesen. Diese Entwicklung ist nur von daher zu verstehen. Zu diesen Prozessen trugen sicher viele Philosophen bei[32]. Aber es ist keineswegs so, dass diese alle diese Vorgänge und Veränderungen hervorgerufen hätten, wie manchmal unterstellt wird.

---

[31] Ehe war neben dem Adel nur für Menschen mit einer „Vollstelle" erlaubt, also Handwerker oder Bauern.
[32] erwähnt seien besonders Descartes, Spinoza, Leibnitz, Locke, Hume, Bayle, Voltaire, Rousseau, Kant, Hegel, Marx, Schopenhauer und Nietzsche, um nur einige der wichtigsten zu nennen.

Dies ist schlicht eine Folge der umfassenden Weiterentwicklung unseres Denkens. Aber sie haben durch ihre Beiträge zweifellos viele dieser Umwälzungen „auf den Punkt" gebracht und dadurch einerseits zu Klärungen beigetragen. Dadurch aber auch die Entwicklungen beschleunigt. Dies wird besonders deutlich im Zusammenhang der anstehenden politischen Veränderungen hin zur „Demokratie". Hier werden dann – zumindest vordergründig – die allgemeinen Rechte individueller Menschen formuliert und in den Verfassungen derjenigen Staaten verankert[33], die sich als demokratisch verstehen. Es sei aber dringend darauf hingewiesen, dass z.B. sowohl nach der Befreiungsbewegung in den USA, als auch den Folgen der französischen Revolution nicht die Menschen allgemein in einem wirklich umfassenden Sinne „frei" wurden. Die Machtverhältnisse „verschoben" sich grundlegend in dem Sinne, dass anschließend nicht mehr der Adel die herrschende Klasse war, sondern das wohlhabende Bürgertum. Dieser Umstand dauert bis heute fort, obwohl er durch permanente Propaganda umfassend „geschönt" und verschleiert wird. Auf diese Umstände muss ich weiter unten noch umfassend näher eingehen, da sie die entscheidenden Gründe für diese hier unterbreiteten Gedanken liefern.

Hier jetzt noch einige wenige Bemerkungen zu den Weltsichtebenen Grün, Gelb und Türkis. Diese sind allerdings noch nicht „mehrheitsfähig". M.a.W., es denken noch nicht ausreichend viele Menschen so, damit sie umfassend in politischen und staatlichen Umständen ihre Vorstellung umsetzen könnten. Daher ist eine Beurteilung ihrer Wirkung in Richtung noch weitergehender Freiheit noch sehr spekulativ. Allerdings gibt es zwei Tatbestände, die eine solche „Spekulation" als vertretbar

---

[33] hier ist insbesondere die neuartige Begründung des Eigentums aus der Arbeit durch Locke zu erwähnen.

erscheinen lassen. Zunächst wechselten im Laufe der Geschichte ja schon mehrfach das „Ich" zum „Wir", so dass ma´u Parallelen finden kann. Darüber hinaus kann ma´u die derzeitigen „grünen" Parteien in einigen europäischen Ländern als erste Ansätze ansehen, wie sich eine zukünftige „grüne" Politik und von daher anzustrebende Gesellschaftsordnung verstehen ließe. Zunächst zu dem ersten Punkt: derzeit ist ganz offensichtlich, dass sich die Orientierung am „Ich" in immer bedrohlicherer Weise bemerkbar macht. Dafür ist die rücksichtslose Interessenvertretung mächtiger Personen der derzeitigen Entwicklung in Richtung Ausbeutung von Natur und Menschen hauptverantwortlich. Aber auch die Aushöhlung und der Missbrauch demokratischer Rechte. Wie schon in der Vergangenheit beim Wechsel von Rot nach Blau ist auch hier die Lösung all dieser Probleme in einem solchen Wechsel zu sehen.

Allerdings kann dies nicht dadurch gelingen, dass ma´u einfach einen solchen Wechsel verlangte, da ja die absolute Mehrheit der Menschen eh nichts mit solchen Forderungen anfangen könnte. Dafür ist die Theorie der Weltsichtebenen noch viel zu unbekannt. Bekanntlich war aber auch der Übergang von Rot nach Blau durch inhaltliche Umorientierungen zustande gekommen. So wurde die Suche nach dem „Sinn des Lebens" durch die neuen Philosophien und Religionen „bedient". Welche allgemeinen Bedürfnisse vieler Menschen könnten heute in eine solche Richtung ausschlaggebend sein?

Die wohl drängendsten Probleme sehen meiner Überzeugung nach die meisten Menschen in den immer ungerechter werdenden Verhältnissen insbesondere wirtschaftlicher Art. Also die berühmte sich immer weiter öffnende „Schere" zwischen arm und reich. Es wird wohl auch immer mehr Menschen deutlich, dass das etwas mit Machtverteilung zu tun hat. Vor allem eben auf dem Hintergrund völlig ungerechter Vermögensverteilung. Ein weiterer Umstand folgt aus der „Religion des Kapitalismus" (Walter Benjamin u.a.). Deren „Segnungen", sprich immer umfassenderem Konsum, werden von immer mehr Menschen als zunehmend sinnlos, also ohne Sinn empfunden. Auch die schon angesprochene Ausbeutung von Mensch und Natur – siehe besonders das Thema Klima - erscheint immer bedrohlicher.

Alle diese Umstände kommen aber aus der „Vormacht" einzelner Personen her. Daher dürfte eine Einstellung, die solche Umstände

> einerseits massiv in Frage stellt und
> andererseits durch besondere Betonung von Gemeinschafts- und Zusammengehörigkeitsgefühlen hervortritt, immer mehr Anhänger finden.

Siehe hier auch die immer deutlicher werdende Hinwendung zu einer „Integralen Spiritualität", wie Ken Wilber eines seiner Bücher nannte. Ein weiterer wichtiger Aspekt ist hier kurz anzuführen: die drei weiter oben zuletzt beschriebenen $^{w\text{-}}$Memen entsprachen und bedienten insbesondere patriarchale Wünsche und Bedürfnisse, also vor allem der Männer. Die Frauen wurden durch daraus entstehende und meist auch der Kirchen bedienten Vorurteile zum Teil in umfassender Weise entrechtet, ja oft übelst diffamiert. Ma´u lese dazu Teile des Textes des sog. Hexenhammers, also der Begründung der Hexenverfolgungen. Diese sind an Geifer kaum zu überbieten. Wie der Feminismus zeigt, kommen auch von dieser Seite wichtige Impulse zu einer umfassenden gesellschaftlichen Veränderung, die möglicherweise in Zukunft besonders wichtig werden könnten.

Diese zuletzt genannten Forderungen betreffen wichtige Anliegen grünen Denkens. Hiermit kommen wir auf die andere Seite der Argumentation. Nämlich die Hinweise auf das, was das 6. ᵂ⁻Mem, bzw. das grüne Denken ausmacht. Dazu zählen insbesondere

> die Betonung von Gemeinschaft und Zusammengehörigkeit,
> das Teilen der Ressourcen der Erde mit allen,
> die Befreiung der Menschen von Gier und Dogmen,
> die Erneuerung der Spiritualität und
> Schaffung allgemeiner Harmonie und daraus herkommend
> Entscheidungsfindungen durch allgemeinen Konsens.

Betrachtet ma´u sich diesen „Katalog", ist offensichtlich, dass ein solches Denken als allgemein praktiziertes, für viele der oben aufgezählten Probleme Lösungsmöglichkeiten bereithält. Hier wird deutlich betont, dass wir durch künstliche Trennungen, sowohl zwischen den Menschen, als auch zwischen Menschen und der Natur, nur alle verlieren können. Es handelt sich aber auch hier nach wie vor um ein Denken in der „ersten Ordnung". Dieses begreift sich danach immer noch als alleine seligmachend und bekämpft eher anderes Denken. Daher dürfte auch dieses Denken noch nicht der entscheidende Schritt sein. Diese muss eine Einstellung hervorbringen, die letztlich alle Denkansätze und realen Umstände als gleichberechtigte Ausdrucksformen unserer Evolution, oder der der Natur anerkennen könnte. Das können letztlich nur die beiden als noch möglich zu erreichenden ᵂ⁻Meme, 7 und 8, oder Gelb und Türkis. Oder das aperspektivische Denken nach Gebser.

Hier im grünen Denken macht sich dann am Übergang zu einem neuen Denken des zweiten Grades unweigerlich erneut die Überbetonung allgemein „orientierter" Einstellungen bemerkbar. Dieses grüne Denken versucht erforderliche Änderungen oder nötige Entwicklungen durch die Überbetonung eines immer vorausgesetzten Konsenses zu begründen. Eine solche Einstellung einer Überbetonung des Wir aber wird dann solche Entwicklungen zumindest sehr behindern bis manchmal verunmöglichen. Es scheint offensichtlich, dass an dieser Stelle eine erneute Hinwendung zum „Ich" eine Chance erhalten wird, allerdings nur auf einer neuen Ordnungsebene. Was meint das? Alle bisher besprochenen Weltsichtebenen boten zwar immer neue Denkansätze zur Lösung sich immer neu entwickelnder Probleme in allen Bereichen menschlichen Lebens. Also gesellschaftlich, wirtschaftlich, wissenschaftlich und privat. Aber alle diese Ebenen, auf jeden Fall seit Rot, waren immer einem machtorientierten, patriarchalen Denken verhaftet. Dieses stand einer wirklich freien und gleichermaßen gemeinschaftlichen Lebensführung entschieden im Wege.

Auch Grün als ein Denken der ersten Ordnung ist über diese „Schwelle" noch keineswegs hinaus. Dies belegt die derzeitige Erfahrung mit existierenden grünen Parteien deutlich. Dies kann erst ein Denken, das sich von einer zu einseitigen Identifikation und daraus herkommenden Dominanz mit dem jeweils praktizierten Denken lösen kann. Vor allem indem es alle bisherigen Ebenen sehen, vor allem aber auch anerkennen kann. Und das gilt eben erst mit einem Denken der zweiten Ordnung, oder des zweiten Grades. Nach der Charakteristik von Gelb kann ma´u erkennen, was hier gemeint ist. So gilt hier

> grundlegende Akzeptanz der unausweichlichen Strömungen menschlicher Gesellschaften, wie der Natur. Hier geht es nicht mehr um Macht, Dominanz und Rechthaberei, sondern um Funktionalität, Kompetenz, Flexibilität und Spontaneität.
> Entscheidend ist hier die Einsicht, dass es keine absoluten Wahrheiten geben kann, sondern nur offene und integrierende Denkformen und daher kommende Organisationen.

Dies wird dann in Türkis in dem Sinne gesteigert, dass hier noch die Bedeutung auch unserer Gefühle betont und diese in Entscheidungen miteingebunden werden. Hier ist

> der Umstand das Bewusstsein als Teil eines größeren, bewussten und spirituellen Ganzen zu sehen entscheidend,
> das sowohl meinem Selbst, als auch allen dient.
> Hier wird das minimalistische Handeln und Leben wirklich praktiziert,
> so dass weniger tatsächlich mehr ist.
> Hier werden insbesondere die Kenntnisse und der Gebrauch unserer menschlichen geistigen Fähigkeiten in besonderer Weise gefördert und
> im Interesse aller – also ganz konkret aller Menschen als ebenso der Natur - genutzt.

Betrachtet ma´u sich diese ersten erkennbaren Entwicklungen des Denkens zweiter Ordnung bei einzelnen Menschen, die solches durch ihr Denken und Handeln „demonstrieren", als auch bei ersten Organisationen, kann ma´u erkennen, dass hier für uns Menschen unsere Zukunft liegen sollte, ja eigentlich nur hier liegen kann. Bemühen wir uns gemeinsam dahin zu gelangen, vor allem und zuerst um endlich frei im umfassenden Sinne des Wortes denken und leben zu können.

Um aber dieses Kapitel wirklich übersichtlich abzuschließen, hier nochmals in einer Zusammenschau alle vorliegenden Stadien nach Piaget, Ebenen nach Graves, oder Strukturen nach Gebser:

Piaget (Stadien der Kinder)	Graves (w-Meme)
Sensomotorisch bis ca. 3 J.	archaisch (beige) bis ca. vor 50000 J.
prä-operational bis ca. 7 J.	magisch oder Stammesdenken (purpur)

konkret -	„	bis ca. 12 J.	egoisch (rot) seit ca. 10000
formal -	„	unbegrenzt	mythologisch (blau) seit ca. 3
			3000 J.

rational (orange) seit ca. 500 J.
empathisch (grün) seit ca 150 J
Denken des 2. Grades
integrativ (gelb) seit ca. 70 J
Holistisch (türkis) seit ca. 50 J.

Gebser (Strukturen)
archaisch ohne Dimension
magisch eindimensional
mythisch zweidimensional
mental dreidimensional
aperspektivisch überdimensional

Hier sind noch zwei wichtige Anmerkungen zu machen. In der Theorie nach Graves wechselt die Orientierung des Denkens immer vom Ich zum Wir und auf der folgenden Ebene zurück: Also beige = Ich, purpur = wir, rot = Ich usw. Gebser unterteilt seine Strukturen mythisch und mental in eine effiziente Phase, die dann am Wir orientiert ist und eine defiziente Phase, die am Ich orientiert ist. Dadurch werden beide Theorien erheblich „übereinstimmender". Bei Gebser fehlt aber darüber hinaus auch meist eine konkrete Zeitangabe. Allerdings gibt es aber durchaus erhebliche Unterschiede in der Darstellung und ins-besondere Interpretation der jeweiligen Ebenen oder Struktu-ren, so dass sich ein Studium beider Vorschläge in jedem Falle auszahlt.

II. Kapitel, das „Gute Leben" und das „gewöhnliche Leben"

Was ist es eigentlich, was uns im Leben antreibt, uns das Leben gelingen lässt, wenn überhaupt? Woher kommen die Energien, die uns immer wieder die Kraft geben an unsere Vorhaben zu glauben und sie auch gegen Widerstände durchzusetzen? Warum ließen sich Männer und Frauen im Kampf um die Freiheit in Kämpfe ein, manchmal mit dem sicheren Tod vor Augen? Wir haben uns bisher mit den Voraussetzungen der Freiheit befasst, die von unserem Denken her möglich und/oder vorgegeben sind. Aber natürlich bestimmen weitere Umstände unser Verhalten, die vor allem aus unserem Inneren kommen. Es sind die Voraussetzungen unseres Handelns überhaupt gemeint. Diese entstammen vor allem Erfahrungen, die wir in unseren Familien, der Gesellschaft, aber auch der Kultur gemacht haben. Gemeint sind aber auch Überzeugungen, die sich daraus in uns entwickelten. Vor allem aber diejenigen, die unsere Gefühle mitbestimmen. Es sind in weitem Umfange solche, die wir aufgrund von Bedürfnissen erwerben, die die psychologische Forschung der jüngeren Vergangenheit unter dem Begriff der Linien benannte und veröffentlichte.

Damit ist, um es möglichst einfach und zusammenfassend zu benennen, all das gemeint, was wir üblicherweise unter dem Begriff des Charakters einer Person verstehen. Also alles das, was wir letztlich sowohl als Ausdruck unseres Geistes, aber vor allem unserer Seele nennen können. Das beginnt bei unseren kognitiven Fähigkeiten und reicht bis zu einer spirituellen Grundhaltung, um nur zwei einer großen Zahl weiterer zu nennen. Alle diese Voraussetzungen und daher kommenden Erfahrungen und von diesen bedingten Überzeugungen stellen die „Quellen" unseres Handelns dar. Diese „Quellen" entstammen selbstbetroffener und von daher kommend gefühlsmäßiger Art. Diese wählen unser zukünftiges Handeln weitgehend aus, ja vorbestimmen es. Vor allem aber versorgen sie dann unser Handeln zu dessen Verwirklichung mit den erforderlichen Kräften und Energien.

Es geht hier um das, was der Philosoph Charles Taylor mit dem Begriff der „Quellen der Moral" verdeutlichen wollte und die ich – da diese etwas zu einseitig sind - mit der Metapher „die Bilder im Kopf" verstehe und ergänze. Aus diesen Zusammenhängen heraus entstammen alle grundlegenden Einstellungen menschlichen Zusammenlebens. Diese gaben und geben aber dann jeweils mehrere Jahrhunderte hindurch die Erklärungsmatrix für bestimmte Arten des Denkens über uns Menschen und unser Verhältnis zueinander und zur Gesellschaft ab. Der Philosoph Cornelius Castoriadis nennt sie die gesellschaftlich-geschichtliche Imagination. Und das, weil sie sowohl diese „Bilder" bestimmen, aber dann eben wieder aus diesen herkommen. Wir nähern uns damit einem Erklärungsrahmen unseres Denkens, der sehr differenziert und umfassend zu be-denken und zu hinter-fragen ist.

Er bezieht sich seinerseits aber wieder auf so viele Umstände, dass es leider unmöglich ist, ihn hier auf wenigen Seiten ausreichend zu erklären. Das gilt aber ab hier praktisch für alle Bezüge und noch zu besprechende Inhalte. Ich sehe nur die Möglichkeit hier die wichtigsten Hinweise als Anstöße anzuführen und auf die angefügte Literatur zu verweisen. Der Grund für dieses Vorgehen ist der, dass es sonst zu schnell geschehen könnte, Ihnen „über die Köpfe" hinwegzureden, ohne dass Sie wichtige Bezüge verstehen, bzw. – nach eigener Prüfung natürlich - ernsthaft bedenken oder gar annehmen könnten. Betrachten wir uns also den ersten jetzt anstehenden Begriff etwas näher, nämlich den des „Guten Lebens". Was meint dieser Begriff?

Unter einem guten Leben stellen wir uns heute wohl meist vor allem eine Situation vor, die sich speziell auf die Verfügbarkeit von äußeren Ressourcen stützt. Also sichere Einkünfte aus dem Berufsleben, und darauf gründend den Erwerb der Dinge, die wir heute als unverzichtbar betrachten. Es ist aber dringend zu beachten, dass es sich hier immer um äußere Dinge und Umstände handelt. Im Griechenland Platons aber, wo dieser Begriff entstand, geht es zuerst um etwas Innerliches, die Menschen ganz im obigen Sinne der „Moralquellen" von innen her „Be-Wegendes". Was aber war das? Nun, bekanntlich sprach Sokrates bei seinen Gängen durch Athen alle möglichen ihm begegnenden Männer an. Dabei ging es ihm immer darum, sich mit ihnen darüber zu unterhalten, was das „richtige", bzw. das in Bezug auf das „Gute" angemessene Verhalten sei. Vorab müssen wir festhalten, dass es sich in Athen hier immer um **freie** griechische Männer handelte. Denn nur diese konnten so unbeschwert von Aufgaben oder „Vorgaben" von Seiten irgendwelcher Herren durch Athen gehen. Nur diese konnten sich mit Sokrates unterhalten. Sie stellten eben auch die Elite Athens dar. Nach den Erkenntnissen von Hanna Arendt („Vita activa") war ihnen Arbeit sogar regelrecht verboten. Arbeiter, im Sinne bezahlter Arbeit, Frauen, Kinder und natürlich Sklav*innen waren von diesem Gebot ausgeschlossen. M.a.W., das waren diejenigen, die alle anfallenden Arbeiten zu erledigen hatten.

Ma´u unterhielt sich dabei in der Regel über Ethik, moralisches Verhalten, vor allem aber über die Gerechtigkeit als deren Voraussetzung. Dass hier manchmal auch über allgemeine Meinungen und Vorstellungen von „Welt an sich" gesprochen wurde, sei nur kurz erwähnt. Betrachtet ma´u sich aber diese von Platon aufgeschriebenen Gespräche etwas näher, scheint für jeden Griechen deutlich gewesen zu sein, was dieses „Gute" eigentlich war, auf das sich Sokrates bezog. Jeder Grieche hatte offensichtlich nicht nur eine Vorstellung von diesem „Guten", sondern ihnen erschien es selbstverständlich hierin die Richtlinien eines „richtigen Lebens" zu erkennen. Das galt vor allem in dem Sinne, wie wir heute den Begriff der Sittlichkeit und der Gerechtigkeit verstehen würden. Was aber meinen nun diese Begriffe eigentlich genauer? Und vor allem, verstanden die Griechen darunter das Gleiche wie wir heute? Und noch ein wichtiger Punkt ist hier zu klären: woher kam nach dem Verständnis der Griechen eigentlich ihre Vorstellung von dem was das „Gute" sei?

Betrachten wir uns diese Fragen eine nach der anderen. Vor allem aber schauen wir zuerst darauf, was wir eigentlich meinen, wenn wir von Moral sprechen. Oder anders gewendet: was bringt Moral, noch besser, moralisches Verhalten hervor? Vorab sei kurz erwähnt, dass es auch eine moralische Linie gibt[34]. Diese entwickelt sich nach neuesten Erkenntnissen durch das Erlernen moralischen Verhaltens. Ja sie wird regelrecht „geübt", so dass sich alle Menschen auf verschiedenen Entwicklungsebenen dieser Linie befinden. Der deutsche Philosoph Günter Dux hat diesen Prozess in seinem Buch "Die Moral in der prozessualen Logik der Moderne" gut beschrieben. Aber ein Umstand ist hier unbedingt zu beachten; Ethik, Moral und besonders die Gerechtigkeit waren von Beginn ihrer Existenz an von den jeweils herrschenden Eliten dazu benutzt worden, um die unteren Teile der Bevölkerung problemloser beherrschen und – besonders in jüngerer Zeit - manipulieren zu

---

[34] also ein grundlegendes Bedürfnis „nach Moral" bzw. Empathie, das wir alle mit auf die Welt bringen.

können. So sagt ja auch Thrasymachos in einem solchen Gespräch mit Sokrates: „Ich behaupte, dass das Gerechte nichts anderes ist als das den Überlegenen Zuträgliche"[35], womit er diesen Umstand deutlich auf den Punkt bringt. In meinen Büchern „Das Böse" und „Sitte, Ethik und Moral" habe ich alle diese Umstände und Zusammenhänge umfassend dargestellt und begründet. Dass ihn anschließend Sokrates vom „Gegenteil überzeugte" (???), sei der Vollständigkeit halber nicht unerwähnt.

Hier geht es ab jetzt um das, was der Philosoph Charles Taylor die konstituierenden Güter der Moral, oder die Moralquellen nennt. Also solche „Güter", die uns „antreiben" moralisch zu handeln. Die uns zu moralischen Handeln „veranlassen", ja die uns in „moralisch" kritischen bis bedrohlichen Situationen manchmal die Kraft geben, bis hin zum Verleugnen unserer selbst oder gar unseres Lebens zu handeln. Und welche sind das? Die heute in unserer westlichen Gesellschaft wichtigsten sind

> selbstverantwortliche Freiheit,
> Sicherheit,   Gerechtigkeit,
> Wohlergehen,   Empathie und
>   Bejahung des „gewöhnlichen Lebens".

Allerdings treten diese natürlich meist gemeinsam bis vereinzelt bei den Menschen auf. Dabei gibt es sicher für den Einen oder die Andere noch andere solcher moralischen Identifikationsmöglichkeiten. Das Entscheidende, um das es hier geht, ist der Umstand, dass diese „Güter" in der Antike völlig andere waren. Um das zu verstehen, müssen wir uns erst bewusst machen, was ma´u damals unter dem „Guten" verstand. Noch wichtiger aber ist der Umstand, wie ma´u glaubte es überhaupt erkennen zu können. Denn ma´u war sich zu allen Zeiten darin

---

35 Platon „Der Staat" 338c

einig, dass weder moralisches Handeln allgemein, noch dass die Erkenntnis, bzw. Verständnis des „Guten", so einfach „vom Himmel fällt". Schon immer und bis heute musste ma´u es erlernen und sich um dessen Verständnis bemühen.

Für Sokrates war hier der erste und entscheidende Schritt die Anwendung der Vernunft. Diese bringt

> einerseits die Erkenntnis moralischen Handelns hervor,
> danach bewirkt es dann Selbstbeherrschung, die nach damaliger Überzeugung erst ein solches Verhalten ermöglichen könne.

Warum aber war den Griechen Selbstbeherrschung so wichtig? Wir haben es hier in zweifacher Hinsicht mit einem Erbe des Patriarchates zu tun. Zum einen ging es darum, dass der „höhere Teil der Seele den niedrigeren regiert". M.a.W., dass die Vernunft über die „Begierden" herrsche, denn „das begehrende Element ist von Natur aus unersättlich"[36]. Gemeint sind unsere körperlichen Bedürfnisse und insbesondere die sexuellen. Aber seit der Heraufkunft des Patriarchates ist alles was körperlich ist gleich „natürlich". Damit ist es aber vor allem weiblich und das ist seither, gerade aber in Griechenland, besonders abzulehnen, zu bekämpfen und gegebenenfalls zu verdrängen. Zum zweiten geht es um die Bekämpfung von Macht-über und Gewalt, denn diese[37] hatte ma´u ja erst bekämpft und in Bezug auf die „freien" Bürger Athens beseitigt. Dass diese natürlich selbst sehr wohl Macht-über über Ihre Familien und die Sklav*innen ausübten, sei hier nicht unerwähnt.

---

[36] a.a.O. 442a
[37] es geht hier jedoch nicht um die eigene, sondern um die Macht von Königen.

In der scheinbar erfolgreichen Anwendung von Vernunft in diesem Sinne[38], ist damit weitgehend bis heute festgelegt, dass die Vernunft eine „zum Guten führende Ordnung bringt", wie es Taylor ausdrückt. Seither gilt: „vernünftig sein, gleich Herr seiner selbst" zu sein. Was hier aber besonders geschieht ist, dass die ehemals herrschende Ethik des Handelns und der Ehre[39], durch eine Ethik der Vernunft und Reflexion abgelöst wird. Vor allem aber damit eine für alle und alles gültige moralische Ordnung begründet wird. Es ist aber damit noch nicht geklärt, woher die Griechen Kenntnis dieser Ordnung glaubten gewinnen zu können, bzw. dieses „Gute" erkennen zu können. Denn diese steht ja nach dieser Auffassung „hinter" dieser Ordnung.

Wie stellt sich speziell Platon diesen Vorgang vor? Dazu müssen wir uns erinnern, dass nach Platons Überzeugung alles Existierende ein „Abbild" der jeweils zugrundeliegenden Idee „Gottes" ist. Wenn dem aber so ist, dann muss das

> erstens auch und gerade für die Natur gelten und damit muss diese
> zweitens das „Abbild" dieser Ideen sein.

Interessant ist, dass hier Platon während der allgemeinen Gültigkeit eines Götterhimmels von einem Gott spricht. Dieser Gott wird von Platon als unendlich gut, allwissend und, wie wir heute sagen würden, als unfehlbar gedacht. Ma´u braucht sich also, um dieses Gute zu erkennen, nur „richtig", also mit Hilfe der Vernunft, die existierende Natur anzuschauen, um dieses „Gute" darin zu erkennen und damit kennenzulernen. Um es

---

[38] zumindest war ma´u bis in die Neuzeit von diesem Erfolg überzeugt, siehe Kant weiter unten.
[39] gemeint ist hier rotes Denken in den Feudalreichen, also auch noch in einem gewissen Umfang dann im Mittelalter, s.u.

mit Taylor auszudrücken: „Das Gute des Ganzen, dessen Ordnung die Idee des Guten offenbart, ist das Grundgute. Es ist das, was unsere uneingeschränkte Liebe und Treue erheischt. Es wirkt ganz selbstständig und als solches begehrens- und erstrebenswert"[40].

Und wenn wir es richtig erkannt und angenommen haben, können wir gar nicht mehr anders als in diesem Sinne „gut" zu Handeln. Damit aber auch das von daher begründete „Gute Leben" zu leben. Denn dieses ist ja gerade dann gut, wenn wir uns in diesem Sinne „richtig" verhalten. Oder etwas anders gewichtet: die Erkenntnis und daher kommende Liebe zur guten Ordnung ist damit die Quelle des guten Handelns und des guten Lebens. Es ist nun ganz wichtig sich bewusst zu machen, dass dieses so geschaute „Gute" sicherlich auch in uns ist. Aber da schon Platon bewusst war, dass „Selbsterkenntnis" ein schwieriges Geschäft ist, ist es einfacher es außen, um uns her zu erkennen. Aber wichtig ist auch zu sehen, dass es unsere Vernunft ist, die uns Erkanntes erst als dieses „Gute" verstehen lässt. Platon selbst hatte allerdings in Bezug auf hierdurch begründete gesellschaftliche Verhältnisse eine eigene Meinung, die er von Heraklit übernommen hatte.

Er war mit Heraklit der Überzeugung, dass die Geschichte eine Art Abwärtsbewegung in Bezug auf die göttlichen Vorgaben darstellt. Oder anders gewendet: da ja alles Existierende eine Art Kopie der göttlichen Ideen ist, würde jede erneute „Kopie" eine weniger exakte, getreue Kopie der ursprünglichen Idee darstellen. Und dies gelte besonders für die gesellschaftlichen Umstände. Wie sich in seinen Büchern „Der Staat", „Der Staatsmann" und „Die Gesetze" nachlesen lässt, war die Demokratie nach seiner Meinung nach der Tyrannis die schlechteste Regierungsform. Die seiner Vorstellung nach beste, stellt

---

[40] a.a.O. S.227

er in diesen Büchern umfassend vor. Es handelt sich hier ganz offensichtlich um eine durch Philosophen „aufgepeppte" Feudalherrschaft. Diese war aber in der Phase des roten Denkens entstanden. Damit hatte diese aber nun gar nichts mit Demokratie und schon gar nichts mit Freiheit zu tun. „Frei" waren in diesem „Idealstaat" bestenfalls die Philosophen[41] und in geringerem Maße die sog. Wächter, bzw. die Kriegerkaste. Alle anderen Teile des Volkes waren absolut reglementierte Untertanen, und natürlich insbesondere die Sklav*innen.

Es ist in Kenntnis dieser Gedanken, die ma´u ja jederzeit in den erwähnten Büchern nachlesen kann, völlig unverständlich, dass ma´u Platon nach wie vor als einen Vertreter oder gar Begründer freiheitlicher Vorstellungen darstellt. Dies gilt aber in den Dialogen weitgehend für Sokrates. Es ist sehr zu vermuten, dass diese Äußerungen des Sokrates als übereinstimmend mit der Überzeugung Platons gesehen wurden und wohl immer noch werden. Hier kommt wohl ein wesentlicher Teil der Hochschätzung Platons in der Vergangenheit[42] her. Keinesfalls aber die Beachtung seiner wirklichen Gedanken zu diesem Thema. Karl Popper hat diese Umstände in seinem Buch „Die offene Gesellschaft und ihre Feinde" deutlich dargestellt. Kurz zu erwähnen ist noch in diesem Zusammenhang Aristoteles, nicht weil er die Freiheit für alle in besonderer Weise befördert hätte[43], sondern weil er ebenfalls einer historizistischen Sicht anhing[44]. Er drehte aber diejenige Platons in dem Sinne um,

---

[41] wobei diese sehr eng an die von Platon vorgegebenen Ideen gebunden blieben.
[42] speziell bezogen auf das Thema Demokratie und Freiheit, wobei natürlich nicht zu übersehen ist, dass er auf anderen Bereichen Wichtiges zu sagen hatte.
[43] nach ihm waren z.B. Sklav*innen unfähig überhaupt zu denken.
[44] die Geschichte wird danach von unbeeinflussbaren Kräften „geleitet".

dass nach ihm die Entwicklung der Geschichte insgesamt „aufwärts" hin zu Gott, als dem „unbewegten Beweger" ginge, also eine teleologische Sicht der Wirklichkeit.

Diese Erklärung des gesellschaftlichen Lebens allgemein durch Sokrates, Platon und Aristoteles, legte aber nun nicht zuletzt in Bezug auf den idealen Staates Platons diese Sicht für die nächsten Zweitausend Jahre eine gesellschaftliche Hierarchie in Richtung von Machthierarchien fest. Verstanden wurde sie dabei immer im Sinne eines Gelingens dieses „Guten Lebens". In diesen zukünftigen Staaten konnten nur die mächtigen und/oder gebildeten Anteile dieser Gesellschaften mit gesellschaftlicher Achtung rechnen und damit dieses „Gute Leben" leben. Alle anderen aber absolut überhaupt nicht. Um es ganz deutlich zu sagen: Handwerker, Händler, Kaufleute, Bauern, und erst recht Sklav*innen, also all das, was ma´u später in Rom Plebs nennen wird, brauchte ma´u zwar als Grundlage der Lebenssicherung. Aber darüber hinaus wurden sie wenig, über gar nicht, bis völlig miss-achtet. Es waren schlicht Banausen, denn "banausische - **also körperliche** - Tätigkeiten stehen in schlechtem Ruf. Sie werden demnach „zu Recht in der Welt sehr missachtet", wie es Xenophon so deutlich ausdrückte. Interessant ist, dass gerade die Händler und Kaufleute am Beginn der Neuzeit noch lange mit dieser Missachtung zu kämpfen hatten. Aber das völlig ungerechtfertigte „Herabschauen" von manchen sog. "Gebildeten" auf praktisch, also handwerklich Arbeitende, trifft ma´u ja selbst heute noch nicht gerade selten an.

Kehren wir aber zu der Weiterentwicklung dieser Zusammenhänge zurück. Diese Erklärungen des „Guten Lebens" änderte sich im nächsten Schritt in der christlichen Religion grundsätzlich. Hier ist dieses "Gute" zwar in einem gewissen Sinne immer noch existent. Aber hier entstammt es der geoffenbarten Wahrheit Gottes. Es ist jetzt in einem doppelten Sinne „außer uns". Nämlich in der von Gott als gut erschaffenen Welt – „und Gott sah, dass es gut war", AT – und in der darin enthaltenen Offenbarung. Oder noch deutlicher: nicht wir Menschen erkennen das „Gute" von uns her mit Hilfe unserer eigenen Vernunft. Nein, nur im Glauben an die Offenbarung. Daher wird jetzt die entscheidende Moralquelle überhaupt, der bedingungslose Glaube und die grundlegende Beachtung der religiösen Vorgaben.

Dieser Glaube beinhaltet die Überzeugung, dass alle Realität von Gott erschaffen ist. Aber alleine als einer aus seinem "Wort", - eigentlich Logos -, entstammenden eigenen Substanz. Damit ist diese Wirklichkeit, die wir schauen, spätestens seit Augustinus die kosmische Ordnung und deren Entäußerung. Sie ist dies als Darstellung der reinen Vernunft Gottes und damit letztlich auch unserer eigenen. Aber der entscheidende Faktor im Sinne der sich neu orientierenden Moralquelle ist neben dem Glauben die Liebe zu Gott. Aber ebenfalls seit Augustinus auch die bedingungslose Unterwerfung unter denselben, bzw. den Lehren "seiner" (???) Kirche.

In dieser Anschauung der Wirklichkeit, ob im Sinne Platons oder Augustinus wird aber noch etwas Weiteres sichtbar. Nämlich die allem zugrundeliegende kosmische Ordnung im Sinne der Ordnung der Wesen. Diese sind Gegenstand in dem Konzept der „Großen Kette der Wesen"[45]. Diese Ordnung aber ist in der überkommenen Sicht absolut hierarchisch. Danach stehen die Menschen hier auf Erden „an deren Spitze". Aber natürlich ist dann das Jenseitige auch das Höhere, dem es sich mit allen Kräften zu nähern gilt. Damit ist insbesondere gemeint, dass sich diese Annäherung nur ermöglichen lässt, indem ma´u sich immer noch ganz im Sinne der Griechen gegen seine körperlichen Bedürfnisse und Begierden wendet.

---

[45] siehe das gleichnamige Buch von Lovejoy.

Da dies aber so enorm schwer ist, wie gerade auch Augustinus „am eigenen Leibe" erfuhr, entwickelte dieser die Lehre von den zwei Richtungen der Hinwendung. Und zwar eine „nach unten" zur Natur und eine „nach oben" zu Gott. Aber auch eine nach innen und nach außen, der Prädestination und der Erbsünde. Danach ist das Innere die Seele und das Äußere die Natur und seither immer mehr das Böse. Nach seiner Überzeugung gelingt mit der Hinwendung nach innen, durch dieses Innere hindurch die Hinwendung zum Höheren und zu Gott. Nebenbei bemerkt übernimmt mehr als tausend Jahre später Descartes diese Trennung von Innen und Außen und wendet sie als Basis, aber auch Begründung der sich neu entwickelnden Naturerkenntnis in der Wissenschaft an.

Sie werden sich möglicherweise schon die ganze Zeit gefragt haben, wieso ich alle diese Umstände hier anführe, wo wir uns hier doch mit der Freiheit beschäftigen. Nun natürlich hat das ganz wesentliche Gründe. Erinnern Sie sich; wir sind immer noch im Bereich des blauen Denkens. In diesem Denken ist nach wie vor die Macht-über, ob durch einzelne oder als von Gott beauftragte Höhere ausgeübte, der zentrale Faktor. Nun wird aber doch behauptet, dass die Griechen die Demokratie erfunden hätten und für uns sei doch diese identisch mit dem Begriff der Freiheit. Betrachtet ma´u sich sowohl bei uns heute, als auch in Griechenland die realen Verhältnisse, zeigt es sich sehr schnell, dass beide Urteile vorschnell und entweder wenig oder nur eingeschränkt zutreffend sind. Unsere heutigen Umstände wollen wir uns weiter unten näher anschauen. Die Umstände in Griechenland können wir aber sehr wohl deutlich erkennen, sofern wir diese Erkenntnis zulassen natürlich.

So galt da eine gewisse Form von Freiheit nur für die Minderheit der „freien" Männer. Diese beschränkte sich allerdings weitgehend auf die Freiheit einer Handlungskompetenz insbesondere mit Hilfe der Rhetorik und des Verstandes. Weniger aber des Denkens im Sinne der Vernunft und eines von daher begründeten Handelns. Auch diese Unterscheidung, die sich wohl vordergründig fast absurd anhört, werden wir uns später noch näher anschauen. Allerdings praktizierte ma´u zwar hier eine „echte" Demokratie – also alle „freien" Männer einer Stadt -, die allerdings umfassend auf diese beschränkt blieb. Entscheidend zur Beurteilung der damaligen Verhältnisse ist wichtig sich klar zu machen, dass die weitaus größte Anzahl der Bewohner

> entweder völlig unfrei waren, die Sklav*innen nämlich, oder sehr unfrei, wie vor allem Handwerker, Bauern, Frauen und Kinder. Dazu aber noch die Metöken, also Fremde, die sich in Athen z.B. zum Handel niedergelassen hatten.

Erneut sei hier der Hinweis angebracht, dass Sie dazu bei Hannah Arendt eine sehr gute Darstellung der damaligen gesellschaftlichen Umstände („Vita activa") finden, die diese Sicht weitgehend bestätigt. Und so macht zur Bestätigung dieser Sicht auch einer der bedeutendsten Philosophen des letzten Jahrhunderts, Isaiah Berlin, darauf aufmerksam, dass es in der griechischen Philosophie nirgends eine Formulierung von Gedankenfreiheit gibt. Dieser ist aber zu einem solchen Urteil prädestiniert, denn er beschäftigte sich ganz besonders mit dem Thema der Freiheit. Wenn ma´u sich diesen Umstand mal zu Eigen gemacht hat und dann sich besonders die griechischen Texte daraufhin näher anschaut, kann ma´u das deutlich erkennen. Siehe nochmals oben in Bezug auf Platon.

Dieses Denken im Sinne des „Guten Lebens", das sich schon in Griechenland zeigte, machte sich dann besonders in der christlichen Kirche umfassend bemerkbar. Es war die nach wie vor vor allem im Mittelalter existente Überzeugung und „Erkenntnis" der in der göttlichen und/oder natürlichen Ordnung enthaltenen Hierarchie. Diese existierte in patriarchal denkenden

Gesellschaften immer als Machthierarchie. Alle diese Gesellschaften waren fast kastenmäßig, später aber umfassend ständemäßig organisiert. Dieser Umstand entsprach ja sowohl der „natürlichen weil göttlichen Ordnung" und damit dem „Guten", also dem Willen Gottes. Das hatte zur Folge, dass „jede/r" seinen/ihren ihm/ihr zugeordneten und/oder zustehenden Platz in dieser Gesellschaft hatte. Diesen „zugewiesenen" Platz verlassen zu können, war mit ganz wenigen Ausnahmen völlig unmöglich. Freiheit war hier so definiert, dass diese Freiheit durch den Höhergestellten vorgegeben war. Auch hier ist zu beachten, dass es sich hier erneut um Handlungsfreiheit handelt und nicht um Freiheit des Denkens oder gar Entscheidens. Dies galt besonders nicht gegen den Willen der übergeordneten Ebenen. Und natürlich schon gar nicht gegen das überkommene und von daher übernommene Denken, wie ma´u ja so deutlich in der Scholastik beobachten kann.

Diese Umstände hatten sich gegen Ende des Mittelalters

einerseits absolut dogmatisch verfestigt,
andererseits boten sie gerade daher deutlich erkennbare Angriffsflächen für Menschen, die anfingen rational zu denken.

Denn von diesem Denken aus erkannten sie die Mängel dieser ganzen Umstände und Verhältnisse. Ich habe schon oben erwähnt, dass eine Trennung von Innen und Außen im Hinblick auf mögliche Sichtweisen auf das Wirkliche von Augustinus herkam. Dieser hatte die Position Platons und der früheren Denker übernommen, indem auch er das „Gute" außerhalb seiner selbst bei Gott suchte. Aber eben auf „dem Weg durch sein Inneres". Descartes nun verändert diese Sicht in dem Sinne, dass er jetzt zwar auch in „sein Inneres" blickt, aber dort in diesem Inneren nur die Quellen der Moral findet. Aber im Gegensatz zu Platon erkennt ab jetzt der Blick nach außen nicht mehr die Verkörperung göttlicher Ideen. Es sind jetzt ganz im

Sinne Aristoteles' nur noch Dinge und Umstände. Diese wurden zwar immer noch von Gott erschaffen. Aber sie konnten jetzt durch die neue, auch von Galilei erdachte und angewandte Methode der Zerlegung und Wiederzusammensetzung, im Sinne von „innewohnenden Gesetzen" begriffen werden. Und dies gelingt – angeblich - am ehesten und am besten, wenn wir dies so neutral und objektiv wie irgend möglich tun.

Dies ist die Geburtsstunde der Objektivität. Sie begründet eine Sicht auf „Alles was ist", die unter dem Diktat einer desengagierten – also angeblich ohne jedes persönliche Interesse - Vernunft steht und als solche eine neue Moralquelle wird. Die Vernunft wird jetzt zur menschlichen Fähigkeit eine Ordnung der Dinge **selbst, „von sich her"** zu konstruieren – siehe die moderne Wissenschaft -. Im Hinblick auf die Entwicklungen hin zur persönlichen Freiheit insbesondere des Denkens wird sich dieses neue Denken aber als fundamental erweisen. Es stützt sich alleine auf die Fähigkeiten und Möglichkeiten einzelner Menschen und deren Vernunftanwendung. Das hatte jetzt aber umwälzende Folgen für die Menschen im Einzelnen, als auch die Entwicklung der Gesellschaften bis heute. Aber ich kann diese hier jetzt nur kurz aufzählen, sonst müsste ich ein ganzes Buch anfügen.

Noch einmal zur Erinnerung:

> in der Vorstellung des im ausgehenden Mittelalter vorgegebenen „Guten Lebens" enthalten war eine grundlegende von Gott gestiftete Hierarchie.
> In diesem Denken enthalten war auch die Überzeugung, dass die „oberen" Schichten, insbesondere die geistig aktiven, die besseren waren, aber nach „unten" immer weniger.
> Diese „Oberen" hatten damit auch das Recht den Menschen allgemein ihre Lebensverhältnisse vorzu-

schreiben, was sich natürlich die Kirche in besonderem Maße zunutze machte. Aber noch wichtiger war der Umstand, dass aus diesem Denken auch, wie schon erwähnt, eine tiefgehende Verachtung körperlicher Betätigung hervorging. Denn es waren ja erstens „nur" Sklav*innen, die diese Arbeiten zu verrichten hatten, oder im besten Falle Handwerker. Diese zählten aber ebenfalls zu den unteren Schichten.

Diese abschätzige Einstellung körperlicher Arbeit gegenüber, hat sich leider, wie schon erwähnt, in manchen Kreisen bis heute gehalten.

In diesem Zusammenhang ist es sicherlich auch interessant sich bewusst zu machen, dass aus dieser Sichtweise ebenso das Streben nach Besitz oder gar Reichtümern abgelehnt wurde. In diesem Denken stellten diese eine Gefahr für das Staatswesen dar. Andererseits wurden diese ja von Menschen „hervorgebracht", die ebenso zu den „unteren" Schichten zählten. Diese Sichtweise wurde allerdings durch das Naturrecht und die daherkommende sog. Okkupationstheorie zur Begründung des Eigentums durch Cicero verändert, eine Sichtweise, die allerdings lange nur "Fachkreisen" bekannt war.

Gegen diese Position regte sich im ausgehenden Mittelalter immer heftigerer Widerstand, der auf der Seite der Religion letztlich in der Reformation Luthers ihren Höhepunkt erreichte. Schon dieser lehnte neben der führenden Rolle der Kirche in theologischen Fragen auch die Fixierung des „Guten" als Richtschnur ab. Denn dieses Denken „begründete" ja alleine das ethisch „richtige Leben" der oberen Schichten.

Luther betonte ausdrücklich, dass jedes Leben, das nach den göttlichen Geboten gelebt wurde, von da an eben immer ethisch und moralisch gut war.

Diese neue Position wurde noch von Calvin in dem Sinne „erweitert", dass jetzt neben die geistigen Tätigkeiten, die bisher als die alleinig „guten" galten, auch die ganz normale Arbeit trat. Denn selbstverständlich wurde diese in den Kreisen seiner Anhängerschaft im gleichen Sinne betrachtet.
Nach dieser Auffassung wird jetzt das erfüllte menschliche Leben im Sinne von Arbeit und Produktion einerseits
und im Sinne von Ehe und Familie andererseits als das „gewöhnliche Leben" und damit im neuen Sinne als das gute Leben definiert.
Ja es geht sogar noch weiter; auch die bisherige Art der Wissenschaft als Disputation und Argumentation auf dem Hintergrund vorhandenen oder geoffenbarten Wissens wird heftig kritisiert und bekämpft.
Diese galt ab jetzt als anmaßender Versuch, sich die harte Arbeit und detaillierte Entdeckung und/oder daherkommende Erfindung zu "ersparen".

Diese neue Einstellung hat insofern gesellschaftliche nivellierende Konsequenzen, als sie zunächst in England und später Stück für Stück im restlichen Europa die Welt des Adels, oder der Ehre und des Ruhms, ablehnt. Sie wird eine unumgängliche Voraussetzung beim Aufbau moderner liberaler Gesellschaften, die sich ja zunächst umfassend als bürgerliche erweisen und durchsetzen. Diese Rolle gründet zunächst auf einer

Idealvorstellung von Gleichberechtigung,
ihrem Empfinden für allgemeine Rechte,
ihre Arbeitsethik und
ihre Hochschätzung der Familie.

Daraus herkommend entwickelt sich das Verlangen nach Gerechtigkeit „für alle" im Laufe der Zeit bis heute als eine weitere moderne Moralquelle. Aber zunächst spielt hier immer noch der Glaube an Gott eine absolut zentrale Rolle. Darauf gründet, wie eben schon erwähnt, zumindest in den protestantischen Religionen die Vorstellung, dass

> einerseits der Umstand einer aktiv gelebten christlichen Existenz nur in den Tätigkeiten des alltäglichen Lebens zu finden ist und diese
> andererseits damit dem göttlichen Willen entspringt und entspricht.
> Damit ist aber darüber hinaus die Auffassung verbunden, dass in der aktiven Äußerung in der Arbeitswelt und dem Befolgen eigennütziger Ziele gleichzeitig den Interessen aller am besten und umfassendsten gedient ist.

Also ganz konkret: Arbeit ist etwas Gottgefälliges, ja Gott-Erwünschtes. Arbeit folgt und dient aber zunächst immer nur eigengesetzten Zielen. Da sie aber gottgefällig ist, ist deren optimale Erfüllung gleichzeitig die Voraussetzung dafür, dass diese Ziele und Erfolge im Interesse aller liegen und diesen umfassend dienen. Ma´u war davon überzeugt, dass die Welt von Gott so geplant worden war, dass, wenn einer nach seinem Wohl strebt, er damit zugleich dem Wohl „des anderen" dient. Eine so verstandene Arbeitsethik ist damit auch eine wesentliche Voraussetzung ethischen und moralischen Handelns und sich Verhaltens.

Hier ist aber wichtig darauf hinzuweisen, dass John Locke seinen neuen Eigentumsbegriff und dessen Begründung gerade aus diesem Denken heraus auf die Arbeit stützt[46]. Dies ist ein Umstand, der bis heute gilt, wenn auch inzwischen unter völlig anderen Bedingungen. Von dieser Überzeugung her wundert

---

[46] allerdings auch bezahlter Arbeit, was dann Kant umfänglich belegt zurückwies, was aber bis heute kaum jemanden interessiert.

es dann nicht, dass der Moralphilosoph und absolute Säulenheilige der Ökonomie Adam Smith auf die Idee kam, ein unregulierter, „freier" Markt würde automatisch die Interessen aller bedienen, bzw. diese erfüllen. Es ist hier aber nicht unwichtig zu erwähnen, dass sich Smith mit hoher Wahrscheinlichkeit mit seinen Theorien auf den Perser ad Tusi stützte. Dieser hatte schon zu Beginn des 13. Jh. ein Buch mit ähnlichen Gedanken veröffentlicht. Entscheidend ist es aber zu wissen, dass im Mittelalter in der islamischen Welt auf dem Markt wirklich die Interessen aller beachtet und bedient wurden[47].

Im Hintergrund dieser ganzen neuen Ideen steht noch eine weitere heute so nicht mehr existente Überzeugung, die ebenso entscheidend zu dem eben geschilderten Umstand beitrug. Danach hat Gott die Dinge dieser Welt zum Nutzen der Menschen geschaffen. Aber die Menschen sind ihrerseits dazu da, um Gott zu dienen und zu ehren. „Wir dienen Gott, indem wir den Menschen dienen durch die Arbeit im Beruf", wie es damals ein Mann namens Hall ausdrückte. Es ist nicht verwunderlich, dass später Max Weber diese Einstellung als „evangelische Arbeitsmoral" höchst förderlich für die Entwicklung des Kapitalismus erkannte.

Aber diese zunächst theologisch begründete Ausrichtung am „gewöhnlichen Leben" wird nun Stück für Stück in eine modern bürgerliche und naturalistische Formulierung und damit Begründung umgewandelt. Eine ganz entscheidende Figur in diesem Zusammenhang ist auch hier John Locke. Locke war einer der ersten und entscheidenden Empiriker. Bezogen auf den hier darzustellenden Umstand meint dies, dass für ihn der eigentliche Zweck der intellektuellen Rationalität die Nützlichkeit im Hinblick auf die Zwecke unseres Lebens darstellt. Damit

---

[47] siehe das Buch „Schulden" von David Graeber, der dies darin umfänglich belegt.

ist Locke einer der entscheidende Begründer dessen, was ma´u seither unter Utilitarismus versteht. Also eine Lebens- und Denkeinstellung, die sich zuvörderst am Nutzen einer Handlung orientiert – siehe später Bentham und Mill -. Aber gleichzeitig ist er Mitbegründer einer Grundeinstellung des Glaubens, die wir als Deismus kennen. Was ist hier gemeint?

Theismus ist die Vorstellung von Gott als dem Schöpfer der Welt und des Universums. In dieses greift aber Gott nach wie vor aktiv ein, siehe vor allem das AT und wesentliche Lehren der katholischen Kirche. Unter dem Deismus versteht ma´u nun eine Orientierung des Glaubens, in dem Gott zwar nach wie vor der Schöpfer ist, sich dann aber von seiner Schöpfung zurückzieht und diese sich selbst überlässt. Es ist ganz offensichtlich, dass diese Einstellung wesentliche Begründungen sowohl vom Gottesbild des Aristoteles, als auch aus der neuen wissenschaftlichen Einstellung gegenüber der Welt allgemein bezieht. Aber gerade die immer extremere Ablehnung des Göttlichen durch die Naturwissenschaften vertreibt Gott völlig aus dem Denken der Wissenschaft[48]. Diese Entwicklung färbte zunehmend auch auf das allgemeine gesellschaftliche Denken ab. Andererseits fördert aber dieses Denken ein Gefühl selbstverantwortlicher Autonomie und die Forderung von Freiheit gegenüber Autoritäten, wie sie John Locke umfassend begründet. Es ist eindeutig, dass diese Entwicklung einen entscheidenden Beitrag hin zur Entstehung einer Vorstellung persönlicher Freiheit geliefert hat. Nicht umsonst gilt Locke als einer der Väter des Liberalismus.

Wenn sich aber Gott völlig zurückgezogen hat, dann ist der Mensch als „die Krone der Schöpfung" aufgefordert durch sein

---

[48] sicher auch als Reaktion auf die heftige Abwehr vor allem der katholischen Kirche gegenüber dieser neuartigen Wissenschaft.

Handeln diese Welt und damit die Natur nach seinen Bedingungen zu gestalten. Dieses Handeln ist derzeit sowohl als wissenschaftliches Handeln zu verstehen, also in der materialistischen Erforschung der Natur. Vor allem aber auch im praktisch-wirtschaftlichen Handeln. Dabei sieht diese Sicht jetzt immer mehr die Bereiche von Herstellung und Handel zusammen. Vor allem aber wird ab hier die Entwicklung des wissenschaftlichen Denkens immer entscheidender zur Grundeinstellung der Menschen und ihrer Beziehung zur Welt. Nicht mehr Gott durch seine Offenbarung, oder die Schau der Natur im Sinne Platons, liefern uns unsere Erklärungsrahmen für uns selbst und die Welt. Nein, es sind immer umfassender alleine die Naturwissenschaften.

Hier beginnt unsere Überzeugung sowohl uns selbst als auch die Natur immer besser zu kennen. Von da aus haben wir auch das Recht, diese zu beherrschen. Es beginnt die Phase, die Taylor als „radikale Aufklärung" beschreibt. Dieser Zusammenhang liefert damit aber auch eine Einstellung, die den Beginn und die Voraussetzung des Aufstiegs des Kapitalismus begründet. Ein weiterer wichtiger Aspekt, der sich besonders in der Romantik zeigt, ist die immer umfassendere Fähigkeit vieler Menschen sich selbst mit dem eigenen Denken und Empfinden auszudrücken. Dies wiederum zeigt sich vor allem in der Dichtung und dem Gesellschafts-Roman. Dies ist damit im 18. Jh. auch die Geburtsstunde des modernen Romans.

In diesen neuen Kunstformen rückt jetzt der „normale" Bürger in den Mittelpunkt. Das ist ebenfalls ein ganz entscheidender Entwicklungsstrang hin zur Sicht auf die Menschen als selbstverantwortliche Einzelwesen. Oder m.a.W., eine weitere „Säule" eines scheinbaren Verständnisses von Freiheit. Es ist aber hier unbedingt wichtig zu beachten, dass es sich hier um das Bürgertum handelt, auf das sich solche Werke beziehen. Es ist das, was wir heute als Mittelstand bezeichnen würden. Dieses befindet sich aber in dieser Zeit in einer heftigen Auseinandersetzung mit dem Adel um die Vorherrschaft in der Gesellschaft. Diese gewinnt ja dann dieses Bürgertum auch. Aber natürlich bleiben auch hier die unteren Bevölkerungsteile nach wie vor „außen vor". Das hat dann aber zur Folge, dass die sich neu entwickelnden Demokratien[49] in ihren neuen Verfassungen eine wirkliche Beteiligung aller Bürger verhindern[50]. Vor allem aber damit auch eine wirkliche Demokratie. Dieser Umstand gilt entgegen aller Behauptungen bis heute, da alle „demokratische Verfassungen" die eigentliche Souveränität des Volkes – siehe z.b. GG § 20 – „hintenherum" auf die Parteien, bzw. deren Führungen übertrugen und bis heute übertragen. Daher ist der Satz, der die Frustration der Menschen klar auf den Punkt bringt: „Es ist völlig egal wen wir wählen, die da oben machen doch was Sie wollen", nach wie vor gültig.

Ein weiterer ganz entscheidender Strang der Entwicklung hin zur Freiheit, bzw. ihrer klaren und umfassenden Formulierung ist das Denken Kants. Freiheit ist nach Kant nur mit Hilfe der Vernunft möglich. Vor allem in einer freien und unbehinderten Anwendung. Da ja aber im üblichen elitären Denken Freiheit für die unteren Bevölkerungsteile mit allen Mitteln zu verhindern ist, folgt aus diesem Grund, dass „normale" Bürger*innen auf keinen Fall selbständiges Denken erlernen dürfen. Dass dieser Umstand nach wie vor der übliche Umgang mit diesen Menschen ist, hat Jean Piaget ganz klar erkannt und durch seine Forschungen bewiesen. Denn nur eine freie, unbehinderte Vernunft kann in ihrer umfassenden Anwendung erkennen, was in unserem Handeln richtig und was falsch ist.

---

[49] hier sind speziell die Bill of Rights des UK und der USA gemeint.
[50] siehe hierzu Yascha Mounk „Der Zerfall der Demokratie"

Daraus folgt dann nach Kant, dass wir uns nach einer solchen Erkenntnis so verhalten können müssten, dass danach auch ein Gesetz möglich wäre. Also der berühmte „kategorische Imperativ". Wichtig ist hier zu beachten, dass danach schon für Kant die aus unserem Inneren kommenden Wünsche und Bedürfnisse, diese so „erkannte" Willensfreiheit beeinträchtigen. Er geht sogar so weit zu sagen, sie würden auf uns im Sinne einer Heteronomie, also eine vorgegebene Einschränkung, wirken. Ich denke es ist leicht zu erkennen, welch extreme Position dies darstellt. Demzufolge wurde Kant in der Folgezeit auch immer wieder heftig kritisiert. Besonders wichtig sind hier Hegel, Marx, Schopenhauer und natürlich ganz besonders Nietzsche. Nachweislich bringen aber gerade die Folgen autoritärer Erziehung sehr wohl durchaus vergleichbare Wirkungen hervor.

Zum wirklichen Verständnis der realen gesellschaftlichen Verhältnisse gilt es nun hier kurz darzulegen, wie, vor allem aber in welchen Bereichen der Gesellschaft, sich diese Entwicklungen abspielten. Ganz besonders wichtig ist aber darauf zu verweisen, wo diese Entwicklung nicht erfolgte, bzw. entschieden bekämpft wurde. Denn ganz offensichtlich gelten diese Einstellungen zur Freiheit weder in Teilen Europas generell, noch in Teilen des neuen Amerika. Aber schon gar nicht, teils bis heute, im Rest der Welt. Viele Menschen können eben mit diesen neuen „freien" Denkweisen wenig bis gar nichts anfangen. Diese liefern ihnen keineswegs nachahmenswerte Verhaltens- und Denkweisen. Der erste ganz entscheidende Faktor, der dies begründet, bezieht sich erneut auf die Wirkungen und Folgen der jeweils gelebten Weltsichtebenen. Nach Überzeugung von Graves und seinen Schülern denken selbst heute noch mehr als die Hälfte aller Menschen auf den Ebenen eins bis vier, also archaisch, Stammesdenken, egoisch und mythologisch. Alle diese Menschen können gar nicht so denken, wie es eine persönliche und unabhängige Freiheit erfordern würde.

Dieser Umstand ist in seiner ungeheuren Folge gerade für die Auseinandersetzungen um die Freiheit in allen Gesellschaften bisher überhaupt nicht bekannt. Er kann daher auch überhaupt nicht beachtet werden. Schon alleine aus diesem Zusammenhang heraus wäre es dringend geboten, diese noch relativ neuen Erkenntnisse in ihrer Verbreitung zu beschleunigen. Dies geschieht bisher aus nur schwer zu erklärenden Gründen kaum. Es scheint[51], dass es vielen einflussreichen Gruppierungen in unseren Gesellschaften gar nicht angenehm wäre, wenn sich diese Kenntnisse schneller ausbreiteten.

Der zweite wichtige Umstand der Verzögerung dieses Prozesses folgt aus dem Sachverhalt, dass die eben beschriebenen Denkmuster einerseits im Protestantismus, andererseits in der Wissenschaft im weitesten Sinne entstanden. Das sind aber Bereiche, gegenüber denen sich die katholische Kirche teils bis heute mit Vehemenz zu erwehren versucht. Das gilt in weiten Teilen des Islam noch umfassender. Diese hartnäckige Abwehr versperrte, zumindest aber erschwerte damit vielen Menschen den Zugang zu solchen Entwicklungen. Das gilt bis heute immer noch und ist immer wieder zu beobachten. Das gilt natürlich in noch umfassenderer Weise für konservative bis reaktionäre Fraktionen in anderen Religionen, hier ebenfalls ganz besonders im Islam, aber auch im Judentum. Aber gerade das hat ganz besondere Gründe, auf die ich nochmals zurückkommen muss.

---

[51] nein es ist so, siehe erneut das Thema der Geheimorganisationen.

III. Kapitel, Negative Freiheit

Nachdem wir uns nun über zwei Kapitel mit systematischen und historischen Vorläufen zu unserem Thema beschäftigten, wollen wir uns ab jetzt ganz konkret dem Thema der Freiheit selbst annähern. Also erneut, was ist eigentlich Freiheit, oder was bedeutet „frei sein" konkret? Die "Freiheit" ist aber ein so umfassender und gleichzeitig unklarer gesellschaftlicher „Wert" und damit erst recht „Begriff" - siehe auch das Eingangszitat von Montesquieu -, dass wir uns auch diesem nur Schritt für Schritt nähern können. Dabei sind auch hier wieder vorab wesentliche Unterscheidungen zu beachten. Neben den schon erwähnten Unterschieden der Handlungs- und Gedankenfreiheit spielen hier in den folgenden zwei Abschnitten die bis auf Kant zurückgehenden Unterschiede einer positiven und einer negativen Freiheit die entscheidende Rolle. Bevor wir uns allerdings mit diesen Themen näher beschäftigen, ist vorab eine schon mehrfach angesprochene Klärung von Freiheit überhaupt erforderlich. Ich habe hier immer Handlungs- und Denkfreiheit unterschieden, ja sogar eine solche des Verstandes und der Vernunft. Beginnen wir also bei der Handlungsfreiheit. Was meint das?

Bevor wir uns allerdings damit näher beschäftigen können ist auch hier noch kurz ein besonders wichtiger Umstand zu klären, der uns Menschen in besonderer Weise betrifft. Wir Menschen sind als Naturwesen die zu Kurzgekommenen[52]. Das meint, dass wir weder natürliche "Waffen" zu einer möglichen Verteidigung vor tierischen Angreifern, noch entsprechende

---

[52] siehe hierzu vor allem A. Portmann, aber natürlich auch andere.

Schnelligkeit zur Flucht vor diesen haben. Das glichen wir durch unser Gruppenverhalten, vor allem aber durch unsere alles umfassende Lernfähigkeit aus. M.a.W., alles, was bei uns Menschen an Fähigkeiten unseres Gehirns existiert, müssen wir erlernen. Diese Umstände basieren aber grundlegend auf den zwischenmenschlichen Beziehungen, also unserer Sozialität, um diesen modernen Begriff zu benutzen.

Aber schon früh, zu Beginn des Heraufkommens des egoisch-patriarchalen Denkens, entsteht Stück für Stück ein ganz neues Verhältnis zwischen uns Menschen. Nämlich eine durch Macht und Gewalt begründete gesellschaftliche Aufspaltung zwischen wenigen Überlegenen, und dem Rest dieses jeweiligen „Volkes". Dieser Begriff wird hier deshalb in Anführungsstriche gesetzt, weil in solchen Völkern mehrere frühere Stämme meist zwangsweise „vereint" wurden. Dabei wurden ihre früheren sozialen Bindungen umfassend zerstört. Um es klar und deutlich mit Diamond auszudrücken: „Innerhalb dieser (ersten) Zivilisationen wurden diese eingeborenen Völker in die <Massen> von Bauern und Proletariern verwandelt, die den Staatsapparat trugen". Und etwas später weiter „... bleibt es doch eine geschichtliche Wahrheit, dass die unabhängigen eingeborenen Gemeinschaften in fortschreitendem Maße unterdrückt und zerstört wurden"[53].

Dieses etwas längere Zitat wurde deshalb hierhergesetzt, um meine Position durch einen Fachmann zu belegen. Denn diese Sicht weicht doch weit von dem ab, was uns eine einseitig orientierte Geschichtslehre immer wieder vorsetzt. Ein weiterer, fast noch schlimmerer Umstand entstand gleichzeitig praktisch parallel, nämlich die Sklaverei. Dies galt zunächst wohl insbesondere für einige Frauen. Durch die Sklaverei werden davon betroffene Menschen vor allem in dem Sinne unfrei, dass sie

---

[53] Stanley Diamond „Kritik der Zivilisation" S. 13

durch diesen gewaltsamen Vorgang aus allen ihren bisherigen sozialen Beziehungen herausgerissen werden. Sie werden ab dann zur umfassenden Verfügungsmasse des Aggressors. Oder anders formuliert: "Sklaverei ist die extremste Form des Herausgerissenwerdens aus dem vertrauten Umfeld und damit aus allen sozialen Beziehungen, die einen Menschen ausmachen"[54]. Damit wäre aber die ursprünglich und zuerst existierende Form der Freiheit, bzw. ihr erstes Verständnis, das der Möglichkeit sich aus solchen Umständen zu befreien entspricht, das Wort amargi[55]. Dieses Wort beschreibt diesen Sachverhalt präzise. Leider verbreitete sich diese "Einrichtung" - sprich das patriarchale Denken und seine Folgen - weltweit immer umfassender und erfasste immer mehr Menschen. So gab es Gesellschaften, z.b. Griechenland und Rom, in denen nach heutigen Schätzungen fast die Hälfte der Bewohner Sklav*innen waren. Es ist daher nicht verwunderlich, dass das erste Wort für Freiheit der Zustand der Befreiung aus diesem Umstand war. Aber kommen wir jetzt auf den Begriff der Handlungsfreiheit zurück.

Ein Mensch befindet sich in einer Situation, in der ihn/sie die ihn/sie betreffenden Umstände möglicherweise „auffordern" etwas zu tun. Ja vielleicht bedrohen sie ihn/sie, so dass er/sie auf irgendeine Weise handeln muss. Vielleicht entscheidet er/sie ja auch eine Handlung aufgrund Wunsches anderer oder eines Auftrages. Den ersten Fall können wir bis ins Tierreich verfolgen, den zweiten bis in die früheste Vergangenheit von uns Menschen. Entscheidend ist, dass hier immer die Entscheidungsmotivation „von außen" kommt. Oder durch die begegnenden oder gegebenen Umstände wesentlich vorgegeben ist.

---

[54] aus David Graeber „Schulden" S.72
[55] das erste uns bekannte Wort für diesen Umstand amargi = zurück zur Mutter. a.a.O.

Ein Mensch passt sich sozusagen den Bedingungen oder Umständen an.

Ein wesentlich neuer Sachverhalt entsteht, wenn ich mich aufgrund gedanklicher Prozesse, also mit Hilfe des Verstandes, zu Handlungen entschließe. Das sind dann solche, die nicht von den Umständen der Umgebung vorgegeben oder ausgelöst werden. Ich habe mich alleine durch Überlegungen und daher kommenden Schlussfolgerungen zu einer Handlung entschlossen. Deren Ursachen liegen demnach alleine „in mir". Wo ist aber jetzt der Unterschied von Verstandes- zu Vernunftentscheidungen? Kant hat uns dazu den wesentlichen Unterschied gezeigt. Nach ihm ist der Verstand „das Vermögen der Begriffe" und die Vernunft „das Vermögen der Ideen". Wo liegt jetzt in Bezug auf die Freiheit der springende Punkt? Nun, Begriffe entstehen aus be-griffener Erfahrung. Ich erinnere an die schon angeführte Erkenntnis Piagets, dass Begriffe durch „reflektierte Abstraktion" entstehen. Dabei bezieht sich natürlich sowohl Reflexion, als auch Abstraktion auf davor- und zugrundeliegende Erfahrung.

Nicht umsonst betont Piaget immer wieder, dass Lernen ein eigenaktiver Prozess ist. Genau in diesem entstehen dann diese Erfahrungen und können dann reflektiert werden. Wenn sich also verstandesmäßige Ergebnisse von Erfahrungen herleiten, ist ja hier das Äußere im umfassenden Sinne eingeschlossen. Es sei hier allerdings angefügt, dass solche Möglichkeiten nach den Erkenntnissen von Graves und Gebser in den ersten beiden Weltsichtebenen noch gar nicht möglich sind. Das hat z.B. im Stammesdenken mit der da gültigen Wir-Orientierung zu tun. M.a.W., das, was Freiheit gerade als Loslösung von Vorgaben und Erfahrungen ausmacht, ist hier gerade noch nicht möglich. Und in einem Denken, in dem noch kein Begriff eines Selbst existiert, kann es das eben noch nicht geben.

Erst das egoische Denken begründet ja

erstens ein beginnendes Verständnis eines Selbst. Damit aber auch

zweitens die Lösung von der umgebenden Natur und die Gewinnung eines eigenen Standpunktes.

Erst dieser ist die Voraussetzung eigene Begriffe zu bilden und damit Stück für Stück zumindest ansatzweise „von sich her" zu denken. Es ist unbedingt zu beachten, dass dieser Prozess mehrere Tausend Jahre dauerte. Erst in der Wende zum mythologischen – Graves -, bzw. mentalen Denken nach Gebser, entsteht ein Denken „über sich", als einem selbständig erlebenden Menschen. Hier kommt jetzt auch die Philosophie hervor, die ja genau auf der Voraussetzung dieser Möglichkeit beruht. Ein „Vermögen der Ideen" aber, also der Umgang mit Vorstellungen, die in mir bzw. aus mir neu „geboren" werden, die sich völlig neu entwickeln, kann sich aber erst ab hier direkt anschließen.

Dieser Vorgang wird aber seinerseits wieder durch die Dominanz des mythologischen Denkens zumindest verzögert, weil hier ja über die Religionen die zu bedenkenden Ideen von diesen vorgegeben werden. Erst das Überwinden dieser dogmatischen Vorgaben befreit die Vernunft nun umfassend und bringt den eigentlichen Gehalt von Freiheit im höchst persönlichen Sinne eigener Willensentscheide hervor. Es macht aber damit gleichzeitig das freiheitliche, sprich selbständige Denken für Machthierarchien so gefährlich. Erst ein solches Denken vermag sich nämlich Umstände vorzustellen, die Hierarchien kritisieren und infrage stellen. Ja Gründe finden, die diese bekämpfen wollen und müssen, um Freiheit wirklich für alle erfahrbar und dann lebbar zu machen. Ich werde auf diesen Umstand am Ende nochmals ausführlich zurückkommen. Aber kehren wir hier zum eigentlichen Thema zurück, der negativen Freiheit. Was meint dieser Begriff Kants konkret?

Eine erste Unterscheidung können wir mit den Begriffen „äußere" und „innere" Freiheit angeben. Also eine freiheitliche Handlung die von innen kommt oder von da behindert wird. Oder von außen hervorgerufen bzw. durch Befehl verhindert wird. Was aber meinen diese Angaben? Nun, unter der „äußeren" bzw. der negativen Freiheit ist gemeint, dass Freiheit wesentlich von äußeren Faktoren abhängt. Z.B. von allgemein gesellschaftlicher oder staatlicher Seite vorgegeben wird. Oder anders gewendet: es gab und gibt gesellschaftliche Faktoren und Umstände, die die Ausübung „der" Freiheit beeinträchtigen, behindern oder gar ganz unterbinden konnten und/oder können. In vergleichbarer Weise können auch innere Umstände, z.b. Folgen der Erziehung oder die Weltsichtebenen genannt werden. Ma´u spricht daher auch von Freiheit als Freiheit "von" etwas. Die Ausübung freiheitlicher Verhaltensweisen, die von innen bestimmt sind und/oder von daher ihre Ursachen haben, - oft auch Freiheit "zu" etwas genannt -, nennt ma´u positive Freiheit. Diejenige aber die von außen reglementiert wird, wie und warum auch immer, nennt ma´u negative Freiheit. Wenden wir uns also hier zuerst der negativen Freiheit zu.

Wir können hier erneut wesentliche Unterscheidungen treffen, nämlich zwischen generell geltender Einschränkungen und behaupteter. Wie, wo, was? Wer behauptet denn, dass es Einschränkungen der Freiheit gibt? Und wenn ich dieses "behauptet" so betone, kann ma´u ja wohl davon ausgehen, dass dieses eher unklar bis wenig, ja sogar gar nicht existent ist, oder? Ja, genau das ist hier das Problem: alle Diskussionen um die „Freiheit" des Menschen, die insbesondere von der Philosophie und lange auch Theologie geführt wurden, brachten eine ganze Unzahl von Argumenten in einem solchen Sinne vor. Diese spielten und spielen bis heute in dieser Diskussion um die Gültigkeit und Wirklichkeit menschlicher Verhaltensweisen und damit eben auch einer behaupteten menschlichen Freiheit, die entscheidenden Rollen. Alle diese Diskussionen und daher kommenden Argumente entstammen den jeweiligen Gedanken und daher kommenden Theorien über „Gott und die Welt". Aber auch unserer allgemeinen und konkreten menschlichen Wirklichkeit. Aber vor allem auch unserer jeweiligen „Erklärungen von Welt", also das, was Castoriadis die gesellschaftlich-geschichtliche Imagination nennt.

Aber diese Diskussionen wurden und werden in aller Regel von Personen geführt, die zu den jeweiligen gesellschaftlichen Eliten zu zählen sind. Es ist daher davon auszugehen, dass diese, mit wenigen Ausnahmen, noch nie die Freiheit für alle Menschen im Blick hatten. Wenn es hier aber in dieser Arbeit um genau diese Sicht geht, müssen wir nun solche Umstände konkreter in Bezug auf dieses Thema fest-stellen. Je nach der Position des Vortragenden wurden und werden diese natürlich völlig unterschiedlich dargestellt und von daher gewichtet. Ich gehe hier im Folgenden von einer Position aus, die ich gesellschaftskritisch rationalistisch im Sinne Poppers nennen will. Die Begründung dafür erfolgt auf allen folgenden Seiten.

Alle die hier eben angesprochenen Einwände gegen eine allgemeine – also für alle Menschen gemeinte - menschliche Freiheit kann ma´u ganz grob in folgende Bereiche unterteilen.

> Den Determinismus und einer Art Unterabteilung desselben, die Heteronomie,
> dann den Historizismus, also nicht Historismus, von dem er deutlich zu unterscheiden ist, und ganz besonders die allgemeinen Vorbehalte gegenüber den schon immer unterdrückten Menschen der unteren Schichten und Kasten.

Dieser letztere Bereich wird aber erst weiter unten aufgegriffen. Beginnen wir also bei der Heteronomie, da diese relativ schnell zu erklären ist. Sie bezeichnet einen Zustand, in welchem äußere Wirkungen eine freie Entscheidung verhindern. Diese Wirkungen können von natürlichen, gesellschaftlichen, bis inneren, also aus dem Menschen selbst kommenden Umständen herstammen. Mit den letzteren, also den „inneren" Wirkungen, werden wir uns speziell im kommenden Abschnitt näher beschäftigen, da er deutlich in den Bereich der „positiven" Freiheit gehört. Heteronomie bezeichnet somit schlicht einen Zustand der „Unfreiheit", der durch äußere, wenig bis gar nicht beeinflussbare Umstände verursacht ist. Wir kommen auf diese Umstände nochmals näher zurück.

Eben machte ich die etwas flapsige Bemerkung, alle unsere Vorstellungen von uns und damit unserer Lebenswirklichkeit entstammten unseren Meinungen und Theorien über „Gott und die Welt". Nun, diese Bemerkung trifft den gemeinten Sachverhalt ziemlich präzise. Es geht wirklich um diese Fragen. Nämlich warum leben wir überhaupt, woher kommen wir, wohin soll das alles führen, usw. und so fort. Und natürlich gab und gibt es zu diesen Fragen schon immer so viele Antworten, wie es Menschen gibt. Entscheidend für unsere inneren Einstellungen und daher kommenden Entscheidungen waren und sind schon immer solche, die von bedeutenden Menschen geäußert wurden. Seit Beginn der Zivilisation und bis in die jüngere Vergangenheit waren dies Männer. Diese „Vorgaben" verdichteten sich entweder zu Religionen und/oder metaphysischen und neuerdings wissenschaftlichen Lehren oder gar Ideologien. Entscheidend ist, dass die Menschen die an diese glaubten, diese ihr Denken und Handeln beeinflussten bis anleiteten. Ich erinnere nochmals an die oben näher dargestellten „Moralquellen".

Diese Wirkungen waren und sind natürlich schon immer besonders „wirksam" in den ersten 4 Weltsichtebenen. Die hier anstehenden Überlegungen können in umfassendem Sinne eigentlich erst mit der orangen Ebene einsetzen. Aber menschliche Umstände sind immer von mehreren Bedingungen und Vorgaben geprägt, die unbedingt beachtet werden müssen. Diese sind insbesondere biologische, psychische und soziale Vorgaben. Alle diese wirkten und wirken schon immer als entscheidende Bedingungen unseres Denkens und Handelns und das tun sie natürlich nach wie vor. Natürlich gilt dies vor allem und gerade auf dem Gebiet, um das wir uns hier bemühen.

Von diesem Denken herkommend müssen wir uns daher zunächst den Determinismus betrachten. Der Determinismus behauptet nicht mehr und nicht weniger, „alle Umstände unseres Lebens seien vorgegeben". Ein gemeinsames Merkmal solcher Überzeugungen ist die Annahme, dass „die Willensfreiheit des Individuums letztlich eine Illusion sei; dass die Vorstellung, Menschen hätten sich auch anders entscheiden können als sie es taten, auf Unkenntnis der Tatsachen beruht"[56]. Diese sehr gute Beschreibung des Glaubens an den Determinismus stammt von Isaiah Berlin aus seinem Buch „Freiheit". Wir können diese Ansicht hier natürlich nicht umfassend kritisieren und müssen uns daher auf wenige, aber entscheidende Punkte beschränken. Ma´u muss zunächst zwischen einem kausalen und einem teleologischen Determinismus unterscheiden. Was meint nun dieser Unterschied wieder?

Wie Sie wissen bezieht sich naturwissenschaftliches Denken vor allem und zuerst auf Ursachen und daher kommenden Wirkungen, also auf Kausalzusammenhängen. Daher entstammen solche Argumente insbesondere aus der Naturwissenschaft. Gerade in den letzten Jahren erleben wir wieder mal einen solchen Frontalangriff auf unsere „angebliche" Willens- und Ent-

---

[56] a.a.O. S.154

scheidungsfreiheit von der Seite der Gehirnforschung. Unabhängig davon, ob ich jetzt an diese Aussagen glaube oder nicht, fällt immer wieder auf, dass es solchen Menschen, die solches behaupten, offensichtlich völlig unbekannt, oder zumindest uninteressant ist, welche Folgen ihre Aussagen haben müssten, wenn wir uns ihnen anschließen würden. Hier eine gute Beschreibung dessen, was ich meine: „Für das allwissende Wesen, das erkennt, warum nichts anders sein kann, als es ist, sind Verantwortung oder Schuld, richtig und falsch notwendigerweise leere Begriffe; sie sind nichts anderes als ein Maß unserer Unwissenheit, unserer jugendlichen Illusion, und dies zu erkennen gilt als erstes Anzeichen moralischer und intellektueller Reife"[57]. Noch deutlicher, wie es hier Berlin ausdrückt, kann ma´u die geradezu katastrophalen Folgen einer solchen Ideologie gar nicht mehr ausdrücken. Keine Handlung, von der edelsten bis zur übelsten, verbrecherischsten hätte irgendeine begründbare "moralische" Folge. Denn der/die „Handelnde" könnte immer behaupten und mit dieser Doktrin begründen, dass er/sie völlig un-schuldig sei, da er/sie ja gar nicht anders hätte handeln können.

Ich glaube, jederma´u kann auf Anhieb sehen, welche geradezu katastrophale Folgen es hätte, würden wir uns auf so etwas einlassen. Und es bezeugt die geradezu unglaubliche Blindheit und/oder Verantwortungslosigkeit von Männern und Frauen, die solches als gesicherte „wissenschaftliche" Wahrheit verkünden. Denn Determination[58] umschreibt ja grundsätzlich nichts anderes, als die naturwissenschaftliche Bedingtheit. Also den Zusammenhang zwischen Ursache und Wirkung als grundlegendes naturwissenschaftliches Prinzip. Als Ergänzung sei hinzugefügt, dass auch aus einem konsequent angewand-

---

[57] a.a.O. S.211ff
[58] also die grundlegende Vorgabe des Determinismus.

ten Glaube an den Urknall, wie er derzeit von einigen Wissenschaftlern vorgetragen wird – siehe insbesondere Stephen Hawking -, die gleichen Folgen hätte. Es sei aber hier auch angefügt, dass der Internist, Psychiater und psychosomatische Mediziner Joachim Bauer in all seinen jüngsten Veröffentlichungen darauf verweist, dass diese eben vorgetragene Position inzwischen auch wissenschaftlich umfassend widerlegt ist.

Ein etwas anderes Szenario zeichnet der teleologische Determinismus. Hier, so wird behauptet, seien unsere Handlungen weitgehend durch ein uns grundsätzlich definiertes und vorausbestimmtes Ziel vorgegeben. Je nach Enge oder Dominanz der dahinterstehenden Theorie sind dann unsere Handlungen und das diesen zugrundeliegende Denken mehr oder weniger „frei". Ich denke, es ist ziemlich deutlich, dass sich hinter diesem Denken vor allem religiöse Muster als Begründung finden lassen. Erinnert sei hier nur an die nach wie vor gelehrte und daher weit verbreitete Überzeugung des jenseitigen Himmels und/oder der Hölle, die uns als Folgen eines richtigen oder falschen Verhaltens[59] erwarteten. Diese Überzeugungen sind zwar nicht ganz so eng, ja automatisierend, wie die Folgen des kausalen Determinismus. Aber jede kritische Betrachtung dieser Forderung muss auch hier dazu führen zu erkennen, dass hier nirgendwo ein Begriff von persönlicher Freiheit existiert. Denn dessen grundlegende Voraussetzung stellt ja gerade die Möglichkeit freier Willensentscheide dar.

Ma´u kann diese Aussage besonders gut beim frühen Christentum nachvollziehen. Denn dieses hat nach Paulus die Freiheit eschatologisiert, d. h. zu einer Kategorie der „zukünftigen Welt" gemacht. Der im NT verwendete Begriff „Freiheit" beschreibt daher vor allem eine religiöse Qualität. Angesichts der bevorstehenden Parusie (Wiederkehr) ihres auferstanden

---

[59] immer bezogen auf die jeweiligen Vorgaben gemeint.

Herrn Jesus Christus war ja jede politische Veränderung der Welt völlig sinnlos. Nach Paulus ist der Christ nur im religiösen Sinne frei und zwar „frei" von Gesetz, Sünde und Tod. Anders ausgedrückt kann ma´u sagen: eine so verstandene „Freiheit" gilt nur „innerlich", nur für den Menschen in seinem Denken und Glauben, aber keineswegs im Handeln.

Ein ähnlich umfassendes, vor allem aber ebenso folgenreiches Thema ist der Historizismus. Unter diesem Begriff versteht ma´u die zeitweise weitverbreitete Überzeugung, dass die menschliche Geschichte nichts anderes sei, als der „Ausdruck" vorgegebener oder „innerlicher" – also in ihr, der Geschichte - allgemeiner Gesetze. Dabei werden diese sowohl „göttlich", oder auch entwicklungsmäßig definiert und/oder begründet. Wichtig ist aber, dass dann aus solchen „Erkenntnissen" gesellschaftliche Vorhersagen, ja Planungen abgeleitet werden, siehe z.b. Marx weiter unten. Ich will mich hier im Folgenden auf 5 besonders wichtige, weil folgenreiche solcher Theorien und den dahinterstehenden Denker beziehen. Ich folge hier wesentlich dem Buch „Die offene Gesellschaft und ihre Feinde" von Karl Popper, wobei ich mich aber nicht grundsätzlich allen seinen Ansichten anschließe.

A Der erste dieser Denker war Heraklit. Nach seiner Überzeugung begann die Geschichte in dem von den Göttern geschaffenen Idealzustand. Aber nach ihm ist die Geschichte ein Ablauf von Veränderungen. Diese versteht er aber nicht wie oft später als „Aufstiege" oder fortlaufende Verbesserungen, sondern als ständige Verschlechterungen. Das macht er insbesondere an den gesellschaftlichen Umständen, also den jeweiligen Regierungsformen fest, die für ihn eben generell Verschlechterungen sind. Und die schlechteste Form einer möglichen Regierung ist für ihn die Demokratie. Diese begann sich ja zu seinen Lebzeiten (um 500 v.Chr.) zu etablieren, indem sie den zuvor existierenden Feudalismus überwand. Oder anders gewendet;

als Mitglied der ehemals herrschenden Schicht der Adligen war er Mitglied der Elite und konnte deren "Abstieg" in einer Demokratie nicht akzeptieren.

Wie wir im Aphorismus A 1,2 lesen können lehnt er die Bitte der Ephesier ab, ihnen Gesetze zu geben, „weil schon die schlechteste Verfassung (die Demokratie) Macht über die Stadt bekommen habe". Die entscheidende Ursache all dieser Veränderungen ist für ihn der Krieg: „er ist aller Dinge Vater" (Aph. B 53). Vor allem seine Ansicht über „normale" Menschen ist wichtig, da diese sich, wie schon oben erwähnt, auf Platon überträgt. Er vergleicht sie immer wieder mit Tieren, insbesondere Schweinen oder Eseln. So lesen wir: „Esel mögen Spreu lieber als Gold" (Aph. B 9), oder „Schweine haben am Dreck mehr Lust als an sauberem Wasser" (Aph. B 13). Oder noch deutlicher „Die Vielen aber sind satt wie Vieh" (Aph. B 29). Hier kommt erneut die schon seit längerer Zeit – von der damaligen Zeit ausgehend – existierende Verachtung der Adligen oder der Eliten allgemein gegenüber der unteren, ja nach wie vor unterdrückten und ausgebeuteten Unterschicht zum Vorschein, die ja dann auch Platon übernimmt.

B Der historisch gesehen wesentlich wichtigere Mann mit vergleichbarem Denken ist eben insbesondere Platon. Platon ist bekanntlich der „Erfinder" der Ideenlehre. Demgemäß sind natürlich auch Verfassungen „Abbilder" von Ideen. Aus dem Vater = Gott sind sie geboren. In der „Mutter", dem Raum werden sie hervorgebracht. Und als „Kinder", sprich die erfahrbare Wirklichkeit, auch als „Schatten auf der Wand" (Höhlengleichnis) dargestellt, existieren sie dann. Auch für Platon ist nun die weitere Geschichte eine Veränderung in dem Sinne, dass die folgenden Kopien sich immer mehr von dem „guten" Erstzustand entfernen. Die weitere Entwicklung, wie er sie von Heraklit abgeleitet sieht, führt dann zu der zweitschlechtesten Regierungsform, der Demokratie. Nur die Tyrannei ist nach ihm noch schlechter. Ein entscheidender Punkt, den er der Demokratie zum Vorwurf macht, ist das sog. Paradox der Freiheit. Damit ist gemeint, dass Freiheit dazu neige, als grenzenlose, unbegrenzte Freiheit Einzelner alle gesellschaftlichen Bindungen zu ignorieren.

Es ist offensichtlich, dass hier im Hintergrund eine erste Formulierung der positiven Freiheit existiert, die er offensichtlich rundweg ablehnt, zumindest für „normale" Bürger. Wie aber nun sein „Idealstaat" aussieht und wie er demgemäß das Thema von Freiheit und Gerechtigkeit sieht, können wir sehr gut seinen drei Büchern „Der Staat", der „Staatsmann" und die „Gesetze" entnehmen. Kurz zusammengefasst kann ma´u – und wurde historisch auch - diesen Staat als Herrschaft der Philosophen bezeichnen. Danach gibt es in diesem Staat drei Stände oder Kasten: die Herrscher oder eben Philosophen, die als absolute Herrscher gedacht sind, da ja Philosophen unter „korrekter" (?) Anwendung der Vernunft in der Lage seien die göttlichen Gesetze eines Staates richtig zu erkennen[60] und anzuwenden. Die Einhaltung des Rechts wird dann durch die Wächter durchgesetzt, dem zweiten Stand, die auch die Aufgabe haben, bei entsprechenden Umständen Kriege zu führen. Diese sind die Einzigen die Waffen tragen dürfen und auch eine umfassende Bildung gewährt bekommen. Und dann die Mehrheit der „Bürger", also Händler, Handwerker, Bauern, Hilfskräfte und Sklav*innen, die all das zu erledigen haben, was sie selbst, aber auch die ersten beiden Stände zu ihrem Unterhalt brauchen.

Höchst interessant ist nun, wie hier Freiheit und Gerechtigkeit gesehen werden. Freiheit besteht danach darin, seinen

---

[60] im Sinne des schon dargestellten Erkennens des Guten.

„Stand" mit Freude anzunehmen und auszufüllen, und Gerechtigkeit darin diese mit allen Mitteln[61] zu garantieren. Dass all dies „gut" gelingt, dafür hat die Erziehung zu sorgen. Für die ersten beiden Stände ist dies Gymnastik und Musik, wobei unter Musik damals auch geistige Bildung verstanden wurde. Dem Volk sind diese Möglichkeiten absolut verwehrt und verboten. Zur Durchsetzung dieser „gerechten" Gesetze schreckt Platon auch nicht vor Mord oder gar Konzentrationslagern zurück. Platons Staat ist eine schlichte „eingemauerte" Diktatur, und sonst nichts. Seine Verachtung normaler Menschen und insbesondere gegenüber den Sklav*innen kann ma´u an vielen Stellen nachlesen.

C Ganz ähnlich verfährt sein wichtigster Schüler Aristoteles. Allerdings ist für diesen die vorgegebene geschichtliche Veränderung nicht „abwärts" gerichtet, sondern „aufwärts". Seine Ideologie ist teleologisch, auf das absolut Gute = Gott - der unbewegte Beweger - ausgerichtet. Aber seine Einstellung den Menschen gegenüber, insbesondere den Bürger*innen und Sklav*innen ist keineswegs besser als die Platons. Nach ihm können diese Menschen noch nicht mal denken. Auch bei diesem sind die Begriffe Freiheit und Gerechtigkeit durchaus ähnlich gesehen und definiert wie bei Platon. Gerade das wirkte sich ja dann auch über das Christentum umfassend auf das ausgehende mittelalterliche Denken aus. Diese fand teilweise über die Vermittlung der Araber[62] in der modernen Philosophie Eingang. Dies gilt vor allem für ein Denken, das dann bei Hegel als Dialektik eine der entscheidenden Pfeiler dessen Philosophie wurde.

D Damit sind wir bei dem vierten Mann angekommen, den es dringend zu „würdigen" gilt, da dessen Ideen insbesondere in

---

[61] wenn es sein muss auch mit Gewalt.
[62] siehe z.B. Ibn Tufail, Maimonides oder Averoes.

der deutschen Philosophie enorme Auswirkungen hatten und haben, Hegel. Neben der Dialektik als Methode, ist es der Geist, der sich nach Hegel in der Geschichte zeigt, bzw. die Geschichte ist. Diese ist die direkt sichtbare Evolution und Emanation des Geistes. Oder noch anders; alle geschichtlichen Ereignisse und vor allem Institutionen, also insonderheit auch der damalige preußische Staat[63], sind nach der Überzeugung Hegels eine absolut richtige und gerechtfertigte geschichtliche Erscheinung. Nämlich die Inkarnation des Geistes in der aktuellen Geschichte. Damit sind aber alle seine Entscheidungen und Handlungen gerechtfertigt, ja absolut richtig. Ich denke, jederma´u kann die Unhaltbarkeit dieser Position auf Anhieb erkennen. Dies gilt zunächst aber nur für den Inhalt der Hegelschen Philosophie.

In gleicher Weise kann ma´u aber auch seine Methode, die dialektische angreifen. Schon Platon und Aristoteles hatten Probleme damit, begriffliche Beweise für die Wirklichkeit einzuführen. Der Grund ist einfach der, dass ma´u Begriffe nur mit Hilfe von Begriffen verifizieren oder falsifizieren kann. Das führt rein logisch zu einem infiniten oder unendlichen Regress. Es war kein geringerer als Kant, der in seiner „Kritik der reinen Vernunft" darauf hingewiesen hatte, dass dieses Verfahren als Beweisverfahren ungeeignet sei. Denn ma´u könne ja jederzeit zu einer gegebenen These eine Antithese, ja sogar daraus eine Synthese gewinnen. Das könne aber zu keinem Beweis führen. Auch David Hume hatte in gleiche Richtung argumentiert. Diese Hinweise fochten Hegel in keiner Weise an. Er erweiterte die Ansätze des Aristoteles in dieser Richtung zu seinem seither von vielen Philosophen aufgegriffenen dialektischen Verfahren. Dieses kann aber nach wie vor zu keinem überprüfba-

---

[63] eine Inkarnation der Restauration gegen die Folgen der französischen Revolution auch in Deutschland.

ren Ergebnis führen. Schon nach der Überzeugung Schopenhauers und Kirkegaards müsse das zur Verwirrung der Anwender führen. Zu diesem grundsätzlichen Problem der Methode Hegels kam noch eine absolut unmögliche Sprache, die selbst von Anhängern als Unverschämtheit bezeichnet wurde. Auf jeden Fall ist diese Sprache kaum zu verstehen und führt häufig in die Irre, aber kann kaum zu einer Klärung beitragen. Leider ist in dieser Hinsicht Hegel kein „Einzeltäter" in der Philosophie, ganz im Gegenteil.

Popper hat dieses Dilemma mit folgenden Ausführungen sehr gut auf den Punkt gebracht: „Jeder Intellektuelle hat eine ganz besondere Verantwortung. Er hatte das Privileg und die Gelegenheit, zu studieren; dafür schuldet er es seinen Mitmenschen - **oder „der Gesellschaft"** - die Ergebnisse seiner Studien in der einfachsten und klarsten und verständlichsten Form darzustellen. Das Schlimmste – die Sünde gegen den heiligen Geist – ist, wenn die Intellektuellen versuchen, sich ihren Mitmenschen gegenüber als große Propheten aufzuspielen und sie mit orakelnden Philosophien zu beeindrucken. Wer's nicht einfach und klar sagen kann, der soll schweigen und weiterarbeiten, bis er's klar sagen kann. Was ich eben die Sünde gegen den heiligen Geist genannt habe – die Anmaßung des dreiviertel Gebildeten –, das ist das Phrasendreschen, das Vorgeben einer Weisheit, die wir nicht besitzen. Das Kochrezept ist: Tautologien und Trivialitäten gewürzt mit paradoxem Unsinn. Ein anderes Kochrezept ist: Schreibe schwer verständlichen Schwulst und füge von Zeit zu Zeit Trivialitäten hinzu. Das schmeckt dem Leser, der geschmeichelt ist, in einem so ‚tiefen' Buch Gedanken zu finden, die er selbst schon mal gedacht hat"[64]. Diesem Urteil ist nichts hinzuzufügen.

Wir nahmen uns Hegel hier deswegen vor, weil er auf Grund

---

[64] K.P. „Die offene Gesellschaft und ihre Feinde" Bd.2 S.42ff

seiner Position in Preußen – als Professor an der Berliner Universität – eine enorme Wirkung auf viele seiner Studenten hatte. Vor allem aber auf die Besetzung der philosophischen Lehrstühle, die bis weit ins 20. Jahrhundert reichte. Ganz besonders aber entwickelten sich, bzw. begründeten sich von der Hegelschen Philosophie her die beiden wichtigsten politischen Gewaltherrschaften des 20. Jh. Dies galt für den Kommunismus und zum Teil den Nationalsozialismus und - was öffentlich praktisch unbekannt ist - von Skull & Bones. Diese ist eine der vor allem in den USA mächtigsten Geheimgesellschaft. Diese Aussage hört sich sicher sehr heftig an, aber wenn alle Regierungen als Inkarnationen des Geistes "richtig" sind, muss dies auch für den Nationalsozialismus und den Kommunismus gelten.

E Während sich der Nationalsozialismus nicht einfach auf wenige Männer zurückführen lässt, gilt dies natürlich besonders für den Begründer des Kommunismus als gesellschaftliche Realität, den Hegelschüler Karl Marx. Marx übernimmt von Hegel zu seinem eigenen Schaden[65] die Methode der Dialektik. Aber bei ihm ist nicht der Geist die Basis und Triebkraft der Geschichte und damit der Realität, sondern die Materie. Das führt z.B. dazu, dass er in den „Frühschriften" im Abschnitt „Vorrede zur Kritik der politischen Ökonomie" klar davon spricht, dass „es nicht das Bewusstsein der Menschen ist, das ihr Sein bestimmt, sondern umgekehrt ihr gesellschaftliches Sein bestimmt ihr Bewusstsein". Folgerichtig sagt er dann auch, dass „man die Philosophie Hegels vom Kopf auf die Füße – also „auf" die Materie bzw. den Boden - stellen müsse". Aber er sagt auch, dass „es in der Philosophie der Zukunft nicht mehr darauf ankomme die Realität zu interpretieren, sondern zu

---

[65] insbesondere in den späteren kommunistischen Staaten zu beobachten.

verändern"[66]. Hier wird es aber entscheidend, von welcher Sicht dieser Realität her die Philosophie die Welt verändern soll.

Für Marx war die Triebkraft der Geschichte wie schon für Heraklit, Platon, Aristoteles und Hegel im Verlauf der Geschichte selbst auffindbar. Aber durch seine „Wende" erkennt er sie nicht mehr in den Ideen, in Gott, oder im Geist. Für ihn ist es die Materie, vor allem aber ganz konkret in der jeweiligen Entwicklung der Produktionsmittel. Oder genauer; der Entwicklungsstand der gesellschaftlichen Produktionsverhältnisse bildet die Basis stattfindender Klassenkämpfe, zwischen den Eigentümern dieser Mittel und den Auszubeutenden. Marx bezieht sich hier ganz konkret auf den damaligen Manchesterkapitalismus, den er in seiner Analyse der damaligen Realität vor Augen hatte. Danach war es der Kampf zwischen den Kapitalisten und den Proletariern. Anzumerken ist hier, dass Marx mit seiner Sicht und Interpretation der damaligen gesellschaftlichen Umstände einen ganz wesentlichen Beitrag zur Entwicklung der späteren Wissenschaft der Soziologie leistete.

Umgekehrt erwies er aber der Entwicklung der menschlichen Freiheit, die er eigentlich fördern wollte[67] durch den erneuten Rückzug auf vorgegebene geschichtliche Zwänge, also einen erneuten Historizismus, einen Bärendienst. Dies zeigen die seitherigen Entwicklungen aller kommunistischer Staaten bis heute deutlich. Dies gilt vor allem deshalb, weil sie die Klassenkampftheorie als ihren Staat begründende Ideologie benutzten. Dies führte dann, ganz vergleichbar dem Nationalsozialismus mit der Rasse, zu den daraus folgenden totalen Herr-

---

[66] a.a.O. S.228fff

[67] siehe entsprechende Stellen im „kommunistischen Manifest".

90

schaftsformen der Parteieliten, die ja mit purem Terror durchgesetzt wurden[68].

Warum aber habe ich hier erneut einen solchen „Umweg" gemacht? Nun, ich denke, wenn Sie das Problem, das ich Ihnen hier dargestellt habe nachvollzogen haben, können Sie auch erkennen, dass in all diesen historizistischen Theorien eines nicht gefragt war, nämlich die Meinung einzelner Menschen. Damit spielt hier genau das nicht die geringste Rolle, um das es uns eigentlich hier geht, nämlich die Freiheit eines einzelnen Menschen. Vor allem dann, wenn ma´u sie als die Freiheit des Denkens eines Menschen versteht. Negative Freiheit - Freiheit von etwas - bezeichnet ja einen Zustand, in dem keine von der Regierung, der Gesellschaft oder anderen Menschen ausgehenden Zwänge ein „freies" Verhalten erschweren oder verhindern. Bekanntlich gilt dies in all diesen Gesellschaften, die aufgrund solcher Theorien entwickelt wurden genau nicht. Ganz im Gegenteil dienen ja gerade diese Vorgaben dazu, persönliche Entscheidungen zu verhindern und zu unterbinden. Und zwar einfach deshalb, weil es hier nichts zu entscheiden gibt. Ganz im Gegenteil wird hier die geltende Ideologie den Menschen durch puren Terror aufgezwungen. Dies ist für mich unter Beziehung auf den Begriff der Freiheit ein eklatanter Verrat am Verständnis von Freiheit für Menschen generell. Dies zeigte sich klar und deutlich in der späteren Entwicklung des Kommunismus und Nationalsozialismus.

Etwas ist aber hier wichtig. Der Begriff der negativen Freiheit[69] wurde üblicherweise als liberale Verteidigung verfassungsmäßiger Grundfreiheiten gedacht. Gemeint waren Freizügigkeit, Religionsfreiheit und Meinungsfreiheit. Vor allem aber wurde

---

[68] siehe hierzu besonders das Buch "Elemente und Ursprünge totaler Herrschaft" von Hanna Arendt.
[69] im Sinne einer möglichst geringen bis zur völligen Ablehnung staatlicher Vorgaben und Eingriffen.

er als Argument gegen paternalistische oder moralische staatliche Eingriffe, z. B. gegen das Privateigentum verstanden. Stimmte dies wirklich, dann könnte sie auch als konstitutionelle Einrichtung zur Verteidigung eines 'liberalen Staates' 'positiv' gedacht werden, was auch häufig geschah. Ich erinnere hier insbesondere an Locke, Friedmann, Hayek und ganz besonders Rothbard. Aber in Bezug auf all diese hier dargestellten Theorien geht das gerade aus den angeführten Gründen überhaupt nicht. Dies zeigt sich derzeit am Beispiel Hayek und seinem Adlatus Milton Friedmann besonders deutlich.

Vielleicht abgesehen von Marx, der zweifellos freiheitlich dachte, sich aber von der Methode Hegels auf den falschen Weg führen ließ, waren alle die hier angeführten Männer vor allem eines. Konsequente Gegner persönlicher Freiheit für alle Menschen, insbesondere denjenigen Menschen aus den unteren bzw. abhängigen Bereichen der Gesellschaft. Ma´u könnte hier einwenden, dass dies für die zuletzt genannten nicht zutreffen würde, zumindest wenn ma´u ihre Bücher liest. Aber es ist auf dem Hintergrund der jüngeren Geschichte schwer vorstellbar, dass so intelligente Menschen die Folgen ihrer Theorien im Sinne der Abhängigkeit und umfassenden Begrenzung der Freiheit der Arbeitnehmer*innen nicht hätten sehen können, ja müssen. Kann ma´u dies den Griechen auf dem Hintergrund ihrer damaligen Erfahrungen in Sklavenhaltergesellschaften gerade noch nachsehen, dann gilt dies in keinem Fall mehr für Hegel.

Nach allem, was ma´u über ihn und sein Verhältnis zu dem damaligen Preußenkönig Friedrich Wilhelm III. weiß, war er ein konsequenter Unterstützer autoritärer Staatsformen. Dies galt vor allem im Sinne der Abwehr der Folgen der französischen Revolution auch für Deutschland. Es war ja gerade dieser König, der diese in Zusammenarbeit mit Metternich und dem russischen Zaren konsequent betrieb. Nicht umsonst konnte sich dann die Fraktion der sog. Rechtshegelianer, die ja wesentliche Gedanken zur Entwicklung rassischer und nationaler Theorien einbrachten, auf Hegel berufen. Diese Gedanken waren mit die entscheidenden Voraussetzungen der späteren Nazidiktatur. Und nochmals; wenn es richtig ist, dass der jeweilige Staat die praktische und reale Form des geschichtlichen Geistes ist, dann galt dies selbstverständlich auch für die Diktaturen Hitlers oder Stalins. Interessant ist hier, dass sich diese Argumentation praktisch auch mit der Sichtweise Augustins deckte.

IV. Kapitel, Positive Freiheit

"Die Freiheit des Menschen in der Gesellschaft besteht darin, dass er keinen anderen als der in dem Gemeinwesen mit seiner Zustimmung errichteten Gesetzesgewalt untersteht und abgesehen von dem, was der Gesetzgeber kraft des in ihn gesetzten Vertrauens verfügt hat, keinem fremden Willenszwang und keiner Einschränkung seiner Rechte ausgesetzt ist"[70]. Wie wir noch hören werden, wird J.S. Mill dazu noch Wichtiges anzufügen haben. Aber vorab ist dies, insbesondere für die Zeit ihrer Entstehung, eine erste wichtige Definition von Freiheit, auf die wir uns immer noch in einem gewissen Grad stützen können. Wo aber kommen Zwänge her, die uns eventuell daran hindern zu wählen? Nur von außen, wie wir eben besprachen, oder können sie auch von Innen kommen? Ich stellte Ihnen bisher verschiedene Umstände vor, äußere wie innere, die umfassende Hinweise auf solch mögliche Zwänge enthielten. Vor allem im letzten Kapitel erklärte ich Denkmuster eines Geschichtsverständnisses, das sich immer wieder umfassend als freiheitsverhindernd in einem umfassenden Sinne auswirkte und bis heute auswirkt. Jetzt wollen wir uns aber verstärkt den Umständen zuwenden, die sich sowohl als fördernd, als auch behindernd in Bezug ganz persönliches freiheitliches Handeln auswirken können. Also solcher, die direkt mit mir als Person zusammenhängen, die sozusagen von „Innen" kommen. Was also ist positive Freiheit, oder, um eine andere Umschreibung zu benutzen, was ist Freiheit im Sinne von „Freiheit wozu", oder, um einen Ausdruck Berlins zu zitieren, „wer ist der Herr"?

---

[70] John Locke "Bürgerliche Gesellschaft und Staatsgewalt" S.113.

Eine weitere vergleichbare Formulierung, die keinerlei Beschränkungen in Bezug auf persönliche Freiheit ausspricht, stammt ebenfalls von John Locke. In seinem Buch „Über die Regierung" beschreibt er den „Zustand vollkommener Freiheit, innerhalb der Grenzen des Naturgesetzes seine Handlungen zu lenken und über seinen Besitz und seine Person zu verfügen, wie es einem am besten scheint – ohne jemandes Erlaubnis einzuholen und ohne von dem Willen eines anderen abhängig zu sein"[71]. Erinnern Sie sich an das sog. „Paradox der Freiheit" von Platon, in dem dieser zum Ausdruck brachte, dass eine grenzenlose Freiheit zum Gegenteil von Freiheit für andere führe? Also m.a.W., wenn jemand ohne sich jegliche Einschränkungen aufzuerlegen nur nach seinem Gutdünken handelt? Gut, Locke erkennt ein „Naturgesetz" an, innerhalb dessen Grenzen anerkannt werden müssen.

Diese Einschränkung kann aber wieder in so unterschiedlicher einschränkender Weise, als auch unbegrenzter Weise ausgelegt werden, dass uns dies gar nicht weiterbringt. Das liegt Insbesondere daran, dass der Bezug auf das sog. Naturgesetz absolut willkürlich ist, da es ein solches in dem hier unterstellten Sinne nie gab. Kritiker verweisen darauf, dass ma´u in einen solchen Begriff vorab all das hineininterpretieren kann, was ma´u dann daraus ableiten will. Gerade Locke war mit seiner Begründung des Eigentums in Bezug auf dieses „Naturgesetz" ein besonders wichtiges Beispiel. Hier ist es aber wichtig darauf zu verweisen, dass genau diese hier behauptete Vorstellung einer unbegrenzten Freiheit die eigentliche „positive" Evolution einer Gesellschaft hervorbringen kann. Allerdings galt dies laut einem anderen Philosophen, Herbert Spencer nämlich, vor allem für die gesellschaftlichen Eliten. Dieser war aber auch einer der Mitbegründer des Sozialdarwinismus. Bekanntlich führte und führt eine solche Vorstellung dazu, dass es nur die

---

[71] J.L. „Zwei Abhandlungen über die Regierung" S.201

Eliten waren und sind, die eine solche „Freiheit" immer umfassender zur Vermehrung ihres Vermögens auf Kosten der unteren Bevölkerungsteile von Beginn der Zivilisation an nutzten und bis heute nutzen. Diese Überzeugung ist aber im Hintergrund nach wie vor die Voraussetzung der heute geltenden Wirtschaftstheorie des Neoliberalismus.

Ein anderer klassischer Theoretiker dieser ganzen Zusammenhänge, John Steward Mill, hat aber, diesen Missstand erkannt. Er legte dazu rund 200 Jahre später die klassische Formulierung vor, die immer noch weitgehend als das sog. Mill-Theorem, oder das Mill-Limit beachtet und in der Diskussion verwendet wird. Da Mill in diesem Zusammenhang so besonders wichtig ist, müssen wir uns kurz mit einigen seiner wichtigsten Gedanken beschäftigen. Nach seiner Überzeugung ist die Freiheit der „erste und stärkste Wunsch der menschlichen Natur" und ermögliche es dem Individuum erst, seinen freien Willen und damit seine Fähigkeiten, seinen Geist und seine Moral voll zu entwickeln"[72].

Ma´u beachte bitte die Zeit, in der Mill diese Gedanken äußerte, nämlich etwa Mitte des 19. Jh. Mit der ja relativ neuen Kenntnis der Weltsichtebenen wissen wir aber, dass es solche Gedanken insbesondere im Hinblick einer vernunftbegründeten Freiheit in früheren Zeiten, also vor der Heraufkunft des rationalen Denkens, gar nicht hätte geben können. So verweist Isaiah Berlin wie schon erwähnt deutlich darauf, dass es gerade auch in Griechenland, das ja das klassische Land einer unterstellten allgemeinen Freiheitsbewegung sein soll, niemals eine im modernen Sinne zutreffende Definition einer persönlichen Freiheit gab. Dieser kurze Einschub ist wichtig, um die Entwicklung all dieser Prozesse besser verstehen zu können. Vor allem aber auch die Widerstände zu verstehen, die sich ja bis heute

---

[72] J.S. Mill "Über die Freiheit" S.31ff

gegen eine wirklich umfassende Ausübung von Freiheit für alle Menschen dieser Erde immer umfassender zur Wehr setzen, bzw. diese immer mehr aushöhlen.

Wie aber versteht nun Mill ganz konkret die Freiheit im Kontext eines gesellschaftlichen Lebens? Nach ihm muss danach alles staatliche und gesellschaftliche Handeln so gestaltet sein, dass alle Individuen in der Lage seien eine freie, ihren Fähigkeiten und Bedürfnissen entsprechende Entwicklung zu erfahren und die Möglichkeit freie Handlungen umzusetzen gewährleistet ist. Dieses "Freiheitsprinzip" dürfe nur unter einer Bedingung beschränkt werden: Um sich selbst oder eine andere Person zu schützen. Wörtlich schreibt er: „... dass der einzige Grund, aus dem die Menschheit, einzeln oder vereint, sich in die Handlungsfreiheit eines ihrer Mitglieder einzumischen befugt ist: sich selbst zu schützen. Dass der einzige Zweck, um dessentwillen man Zwang gegen den (freien) Willen eines Mitglieds einer zivilisierten Gesellschaft rechtmäßig ausüben darf: die Schädigung anderer zu verhüten"[73]. Eingriffe des Staates oder der Gesellschaft hingegen, die darauf abzielen, den Einzelnen zu einem Verhalten zu zwingen, das ihrer − also der Gesellschaft oder des Staates - Meinung nach besser oder klüger sei bzw. das Individuum glücklicher mache, sind nach Mill hingegen unrechtmäßig und müssen unter allen Umständen vermieden werden. Denn „über sich selbst, über seinen eigenen Körper und Geist" sei jeder einzelne ein souveräner Herrscher.

Allerdings bemerkt Mill sofort selbst, dass diesem Grundsatz einige Einschränkungen beigefügt werden müssen. Zum einen sei der Satz lediglich auf „mündige" Personen anzuwenden, sowohl Kinder als auch geistig Kranke bleiben von ihm ausgeschlossen. Interessant ist auch, dass Mill erkennt, dass ma´u

---

[73] a.a.O. S.38

diese Forderungen „nicht auf einer Entwicklungsstufe (anwenden könne) auf der die Menschheit noch nicht einer freien und gleichberechtigten Erörterung derselben fähig (**sei**)"[74]. Mill hatte offensichtlich eine gewisse Ahnung von einem Umstand, den wir heute Weltsichtebene nennen würden. Wichtig ist aber darüber hinaus Situationen zu beachten, in der staatliche Akteure zum Wohle anderer oder zum Wohle des gesamten Staates Druck auf das Individuum ausüben dürfen. So z. B. zur Verhinderung von Falschaussagen vor Gericht, zur Sicherung der Landesverteidigung oder zur Aufrechterhaltung einer im allgemeinen Interesse liegende Infrastruktur. Überall dort jedoch, wo nur die Interessen des Individuums betroffen seien oder sein Handeln andere Mitglieder der Gesellschaft nicht ungebührlich einschränkten oder belästigten, hätten weder der Staat noch die Gesellschaft ein Recht dazu, dem Einzelnen Vorgaben zu machen oder ein bestimmtes Verhalten zu erzwingen.

Es ist zur Beschreibung der Position Mills aber besonders wichtig zu beachten, dass er gerade im „Einfluss des Volkes" im Hinblick einer Durchsetzung von Mehrheitsmeinungen in Bezug auf persönliches Verhalten, eine besondere Gefahr sieht. Was bewegte Mill, dass er eine solche Einwendung macht? Es ist hier unbedingt mitzudenken, dass ja eine Gesellschaft, schon bevor sie sich der Mittel einer politischen Verfassung bedient – das gilt auch und gerade für Demokratien -, schon durch ihre gesellschaftsinterne Möglichkeiten über nahezu unbeschränkte Sanktionsmöglichkeiten[75] verfügt. Durch solche Umstände übt sie aber in einer freien Gesellschaft eine noch größere Macht aus als Regierungen früherer Zeiten[76]. Um solches zu verhindern hat sie nicht das Recht, die Meinung eines

---

[74] a.a.O. S.39
[75] z. B. in Form von sozialer Ächtung und psychischem Druck.
[76] siehe hierzu insbesondere de Tocqueville.

Individuums zu unterdrücken, wie dieses umgekehrt nicht das Recht hat, der Gesellschaft seinen Willen aufzuzwingen.

Die Begründungen hierzu sind typisch für einen Liberalen, wobei sich Mill hierzu selbst nicht ganz wohl zu fühlen scheint. Er erkennt durchaus, dass die liberalen Positionen - als englische Partei damals die Whigs -, die liberales Denken, das er ja selbst befürwortete, vertrat, so ihre Probleme hatte. Diese sah er selbst schon damals kritisch, insbesondere im Hinblick auf den damals in seinen Kreisen herrschenden Utilitarismus. Auf diesen Umstand müssen wir nochmals an verschiedenen Stellen zurückkommen, galten liberale Parteien doch lange als die eigentlichen Verfechter freiheitlicher Positionen in der Politik. Aber zurück zu dem Ansatz Mills. Für ihn war klar; sollte die durch die Volksmeinung unterdrückte Meinung wahr sein, würde dadurch einer Gesellschaft eine Möglichkeit zur Fortentwicklung vorenthalten und zwar auf all den Ebenen, in denen freiheitliche Ansätze entscheidend sind. Zu diesem Einwand kommt aber noch ein weiterer: Erst in der Diskussion ist es möglich, aus Erfahrungen und Thesen eine gesicherte Wahrheit zu entwickeln. Ja selbst wenn sich die unterdrückte Meinung als falsch erweisen sollte, kann diese durch eine Falsifizierung zu einem noch besseren und tieferen Verständnis des gemeinten und/oder beschriebenen Umstandes beitragen.

Wir können hier einen Ansatz finden, der die spätere Position Poppers in seinem Buch „Objektive Erkenntnis" im Sinne einer Falsifizierung von Aussagen als Prüfstein der Wissenschaft im Ansatz vorwegnahm. Aber dieser Einwand Mills gegen die Einflussnahme von Mehrheitsmeinungen der Bevölkerung als staatliche Maßnahme oder gar als Gesetz macht sich derzeit durchaus bemerkbar. Wenn dies wirklich geschieht, dann in der Regel nicht im positiven Sinne. Ganz im Gegenteil lässt dich der Einwand Mills in solchen Fällen durchaus nachweisen und oft auch im negativen Sinne bestätigen. Als ein Beispiel möchte ich hier die neuere schwedische Gesetzgebung in Bezug auf die Prostitution anführen. Durch die werden Männer für Neigungen kriminalisiert, die

> einerseits aus psychischen Ursachen stammen, für die sie in der Regel nichts können. Andererseits handelt es sich um Verhaltensweisen insbesondere in Patriarchaten, die seit Jahrtausenden existieren und die sich bei staatlicher Bekämpfung oft zum Nachteil unbeteiligter Frauen, häufiger noch von Kindern auswirkten. Denn diese wurden und werden dann oft Opfer unkontrollierter Ausbrüche. Ich erinnere nur an das Thema Kindesmissbrauch und Sexismus, Themen, die viel zu lange aus genau solchen Zusammenhängen tabuisiert wurden.

Aber wie sehen wir heute die positive Freiheit? Eine aktuelle Beschreibung dieser „positiven Freiheit", eventuell bei Wikipedia, kann z.B. folgendermaßen aussehen: „Positive Freiheit - also Freiheit zu etwas - bezeichnet die Möglichkeit der Selbstverwirklichung, insbesondere der demokratischen Selbstregierung einer Gemeinschaft. Positive Freiheit wurde, vielleicht am deutlichsten bei Rousseau, in ihrer politischen Form durch einen Prozess der individuellen politischen Teilnahme an einer kollektiven Kontrolle des Kollektivs über sich selbst gemäß 'des Allgemeinen Willens' beschrieben. Es fällt so leicht zu sagen, dass eine demokratische Gesellschaft eine 'freie' sei, da sie sich selbst verwirklicht, und dass ein Mitglied dieser Gesellschaft in dem Maße frei ist wie es in dem politischen Prozess teilnehmen kann". Noch präziser drückt dies der amerikanische Philosoph John Rawls in seinem 2003 erschienen Buch "Politischer Liberalismus" aus. So beschreibt er da dreierlei Bedingungen, die erst einen Bürger als freien definieren:

> "Sie verfügen über das moralische Vermögen, eine Konzeption des Guten auszubilden, sie zu verändern

und in rationaler Weise zu verfolgen;
sie sind selbstbeglaubigende Quellen gültiger Ansprüche;
sie sind in der Lage, Verantwortung für Ihre Ziele zu übernehmen"[77].

Liest ma´u sich diese Beschreibung durch, kann ma´u sich eigentlich nur wundern. Dies gilt vor allem dann, wenn ma´u diese auf die derzeitige politische Realität der USA bezieht. Es ist mir unbekannt, ob Rawls selbst davon überzeugt ist, ob diese seine Beschreibungen von freien Menschen allgemein zutreffend sind, schreibt er doch an anderer Stelle: "Was rationalem Handeln fehlt, ist die besondere Form der moralischen Sensibilität, die dem Wunsch zugrunde liegt, sich an fairer Kooperation als solcher zu beteiligen, und zwar unter der Bedingung, die vernünftigerweise erwarten lassen, dass andere ihnen ebenfalls zustimmen"[78]. Dies ist meiner Überzeugung nach eine ziemlich präzise Darstellung eines breit zu beobachtenden Mangels gerade unserer derzeitigen Eliten dieser Gesellschaft. Denn es sind gerade diese, die sich als rational denkende ja zuerst rational und damit zumindest egoisch, oft aber geradezu egoistisch verhalten. Darüber hinaus gibt es als Folgen patriarchaler Gehorsamserziehung gerade in der Richtung dieser drei von Rawls postulierten Bedingungen so viele Defizite, dass ganz offensichtlich nur sehr wenige Menschen in der Lage sind, diese zu erfüllen.

Und genau aus diesen Umständen heraus kann ma`u erkennen, dass der Einwand Mills und später Hayeks[79] oder Poppers gegen eine unkritische Übernahme von Mehrheitsmeinungen

---

[77] a.a.O. S.165
[78] a.a.O. S.123
[79] wenn auch hier aus den entgegengesetzten Gründen

in die Gesetzgebung eines Staates immer noch, und heute wieder zunehmend, auf „wackeligen" Beinen steht. Denn diese Formulierung des „allgemeinen Willens" Rousseaus oder der drei Bedingungen Rawls` sind nur einige Beiträge zu der immer noch anhaltenden Diskussion einer wirklichen demokratischen Staatsform unter Einbeziehung aller Bürger*innen[80]. Denn diese richten sich einerseits für, andererseits gegen eine solche Form. Und genau um diese Gefahr zu verdeutlichen schreibt Mill an anderer Stelle sehr deutlich:

> „es braucht auch Schutz gegen die Tyrannei des vorherrschenden Meinens und Empfindens, gegen die Tendenz der Gesellschaft, durch andere Mittel als zivile Strafen ihre eigenen Ideen und Praktiken als Lebensregeln denen aufzuerlegen, die eine abweichende Meinung haben, die Entwicklung in Fesseln zu schlagen, wenn möglich die Bildung jeder Individualität, die nicht mit ihrem eigenen Kurs harmoniert, zu verhindern, und alle Charaktere zu zwingen, sich nach ihrem eigenen Modell zu formen.

Es gibt eine Grenze für die rechtmäßige Einmischung öffentlicher Meinung in die persönliche Unabhängigkeit, und diese Grenze zu finden und gegen Übergriffe zu schützen, ist für eine gute Verfassung der menschlichen Angelegenheiten ebenso unerlässlich, wie Schutz gegen politische Willkür"[81]. Deutlicher kann ma´u dieses Problem kaum ausdrücken. Wer auch nur einigermaßen verfolgt, wie sich solche Umstände gerade im Zeitalter umfassend präsenter Medien und des Internet manchmal

---

[80] unter anderen muss ma´u hier historisch W. v. Humboldt, Tocqueville und Bentham nennen, mit denen sich Mill auseinandersetzte.
[81] a.a.O. S.31

als "alternativlos" und/oder absolut rücksichtslos und ungebremst bemerkbar machen[82], dem sollte klar sein, dass es hier noch vieles zu „bewegen" gilt.

Hier ist aber dringend anzufügen, dass eine solche Verhaltensweise, wie sie Mill hier darstellt auf den derzeitigen Erziehungsvoraussetzungen beruht. Ob privater oder öffentlicher ist dabei unerheblich. Gerade daher müssten diese ja dringend geändert werden. Aber damit bin ich schon wieder beim letzten Teil. Bedenkt ma´u all diese einzelnen Positionen, angefangen von Locke, über Mill bis hin zu der Formulierung aus Wikipedia und Rawls wird eines sehr deutlich: Der Begriff der Freiheit ist zwar ein allgemein üblicher und immerzu gebrauchter. Aber Niklas Luhmann, der bedeutende deutsche Soziologe mit weltweiter Beachtung, brachte mit gutem Grund folgenden Hinweis ein: Dieser öffentlich so häufig benutzte Begriff dient heute mehr dazu **den Umstand einer schwindenden Freiheit zu verbergen**, als ihrer weiteren „inneren", also insbesondere gesellschaftlichen Ausgestaltung weiter zu verhelfen. Auch dieser letzte Hinweis wird noch wichtig werden.

Die bisher vorgetragenen öffentlich besonders wirksamen Äußerungen verschiedener bedeutender Männer der Geschichte zu unserem Thema, insbesondere im Hinblick der positiven Freiheit, bezogen sich vor allem und zuerst auf äußere Umstände. Denn diese könnten und sollten eine solche freiheitliche Verhaltensweise ermöglichen. Aber natürlich ist es von ganz enormer Bedeutung auch einen deutlichen Blick auf die inneren Umstände von Menschen zu werfen, die eine solche Verhaltensweise zur Freiheit ermöglichen. Einige davon fördern diese sogar, aber andere verhindern diese eher. Um uns

---

[82] ich denke hier an jüngste Beispiele von Mobbing im Facebook, aber auch manche jüngste Zeitungskampagnen.

diesem Umstand zu nähern, ist es von entscheidender Bedeutung sich eines bewusst zu machen. Jede Form von Verhalten, das einem Menschen möglich ist, ist von dem abhängt, was ich „die Bilder im Kopf" nenne. Was meine ich mit dieser Metapher?

Zunächst ist festzuhalten, dass jeder Mensch solche „eigenen Bilder" in seinem Kopf hat. Diese sind darüber hinaus von seinen "Moralquellen" mitgeprägt. Daher sind diese grundsätzlich seine je eigenen. M.a.W., es gibt keine zwei Menschen, deren „Bilder" identisch wären. Diese "Bilder" sind das Ergebnis all der Einflüsse, welcher Art auch immer, die aus der je persönlichen Ontogenese und Entwicklung eines Menschen herstammen. Also ganz konkret: alle Einwirkungen seiner/ihrer jeweiligen „Umgebung" seit der Zeugung bis zur Gegenwart. Dazu zählen aber auch solche der genetischen Veranlagungen, auch der Geburt[83]. Ja ich bin sogar persönlich der Meinung auch einige seiner/ihrer früheren Leben. Aber auch besondere „feinstoffliche Felder" - siehe Sheldrake, aber auch Hellinger[84] -. Alle diese bilden das jeweilige Fundament, die je spezifische Voraussetzung, von je persönlichem Denken und daher kommendem Handeln.

Hierzu zählen auch die Wirkungen, die wir uns unter dem Thema der „moralischen Quellen" anschauten. Vor allem aber auch die relativ neuen psychologischen Erkenntnisse über solche grundlegenden Verhaltensnormen, die ma´u inzwischen meist Linien nennt. Es handelt sich hierbei um alle die Eigenschaften, die einen menschlichen Charakter ausmachen und die alle von „Kindesbeinen" an gelernt werden müssen. Zu all

---

[83] PsychologInnen sprechen hier von einem Geburtstrauma.
[84] ma´u vergleiche hier die Erkenntnismöglichkeiten der Familienaufstellungen nach Hellinger, wenngleich die konkrete Anwendung sehr mit Vorsicht zu sehen ist, da bei „Anregung" schwieriger „Erinnerungen" in der Regel jede weitere Hilfe fehlt.

dem kommen dann noch die Folgen aus der patriarchalen. gehorsamsorientierten Erziehung hinzu. Diese wurden von der Analyse erkannt und dargestellt[85]. Sie bringt vor allem und zuerst ganz umfassende negative Folgen hervor. Das Milgramexperiment bewies das deutlich. Wie Sie auf Anhieb erkennen können, ist dieser Katalog enorm umfassend. Ma´u muss aber mit Bedauern feststellen, dass ein großer Teil der hier aufgezählten Umstände in der Öffentlichkeit wenig bis gar nicht beachtet wird. Das wurde auch schon oben mit Rawls deutlich. Um es nochmals deutlich auf den Punkt zu bringen;

> all dies gilt ganz besonders für die aus der frühen Kindheit stammenden, meist verdrängten Inhalte „unangenehmer" Erziehungs- und/oder Zuwendungserfahrungen;
> ganz besonders für die von Hellinger entdeckten Einwirkungen von Familienumständen, die meiner Überzeugung nach nur als feinstoffliche Felder erklärbar sind;
> und natürlich erst recht für die Einwirkungen aus früheren Leben, wie sie insbesondere in Rückführungstherapien aufgesucht und meist erfolgreich besprochen werden können.

In all diesen Zusammenhängen machen sich ganz besonders die immer noch allgemein dominierende und derzeit besonders nachdrücklich vertretene Sicht völlig einseitig gesehener materialistisch-naturwissenschaftlicher Erklärungen des Menschen nachteilig bemerkbar. Ich denke Ihnen ist auch bewusst, dass in diesem ganzen Katalog ganz besonders die jeweiligen Weltsichtebenen der Menschen hineingehören.

Es dürfte deutlich sein, dass es „von da her" eine ganze Menge

---

[85] allerdings meine ich hier nur solche VertreterInnen der Analyse, die ma´u als kritisch bezeichnen muss.

„innerer" Umstände gibt, die ein freies Handeln stark negativ beeinflussen. Ja, betrachtet ma´u sich diesen Katalog, könnte ma´u fast zu der Überzeugung gelangen, wir hätten gar keine Chance uns frei und unabhängig von all diesen „Vorgaben" entscheiden und danach handeln zu können. Wenn dies aber wirklich so wäre, wären wir Menschen nie über das Stadium des Stammesdenkens hinausgekommen. Ich muss aber ebenso hinzufügen, dass alle diese Umstände ein ganz gewaltiges „Paket" auf den Schultern eines jeden Menschen im Sinne einer enormen Behinderung darstellt. Und ich glaube auch, dass es nicht sehr viele Menschen gibt, die sich wirklich auch nur ansatzweise von diesem „Paket" befreien können. Das hat vor allem damit zu tun, dass praktisch alle Staaten weltweit ihr öffentliches Erziehungssystem, über die Art der Organisation und die zu lernenden Inhalte so vorgeben, dass die zukünftigen Generationen zu Untertanen erzogen werden. Dadurch wird selbständiges Denken nach wie vor umfassend verhindert[86]. Kant hatte da mit seinem Hinweis auf "innere Heteronomie" nicht ganz unrecht.

Dazu kommen dann noch in jedem Falle alle die Menschen, die noch auf einer Ebene vor Orange denken. Dies ist bekanntlich weltweit immer noch annähernd die Mehrheit. Daher kann ma´u sowohl erkennen, vor allem aber auch verstehen, warum sich der Gedanke der Freiheit so enorm schwer tut,

> erstens wirklich in seinem gemeinten Inhalt richtig gesehen zu werden,
> vor allem aber als allgemeine Norm anerkannt und gelebt zu werden.

Denn alle diese Menschen haben entweder Angst vor jeder Art von Veränderung – vom Stammesdenken bis egoisch -, oder

---

[86] siehe gerade hierzu besonders mein Buch „Unsere Schulen machen uns zu Untertanen und verhindern selbständiges Denken"

vor der Übernahme von persönlicher Verantwortung – im mythologischen Denken -. Diese ist unausweichlich mit dem Gedanken freien Handelns verbunden. Es war Kant, der die entscheidende Begründung für diese Entwicklung geliefert hat.

In seinem epochemachenden Werk „Kritik der praktischen Vernunft" weist er nach, dass es alleine die Vernunft sei, die uns wirklich unabhängig von all dem machen könne, was ich eben aufgezählt habe. Diese ist damit und daher die Basis und Voraussetzung von Freiheit überhaupt. M.a.W., es ist alleine die Vernunft, die uns frei machen kann. Also von „negativen" Wirkungen des „Paketes" bewahren kann. Er geht dabei sogar so weit zu behaupten, dass Einwirkungen aus den Umständen, die ich eben als unser „Paket" bezeichnete, das wir alle mit uns herumtragen, heteronom seien. Also diese seien letztlich so etwas wie eine Fremdbestimmung. Diese Sicht der Dinge ist natürlich im Hinblick auf die Erkenntnisse von Psychologie, Analyse über Soziologie bis zu den recht neuen Erkenntnissen über die Wirkungen feinstofflicher Felder, in gar keinem Sinne aufrechtzuerhalten. Allerdings muss ich sofort hinzufügen, dass es sehr darauf ankommt, wie ma´u diese Aussage versteht.

Wenn ma´u davon ausgeht, dass es sich hierbei um genetische oder wie auch immer verstandene „Vorgaben" aus der Natur oder unserer allgemeinen Herkunft handelt, gilt dieser letzte Satz gerade nicht. Wenn ma´u jedoch diese „Fremdbestimmung" aus den allgemeinen Entwicklungen im Sinne des gesellschaftlich-geschichtlichen Imaginären der Gesellschaften sieht, dann trifft er natürlich zu. Aber nichts desto trotz bleibt der Sachverhalt, dass es erst des Einsatzes der Vernunft insbesondere im Hinblick auf eine Kritik seiner selbst, als auch der

Gesellschaft bedarf[87], um sich von den Wirkungen aller „Paketfolgen" Stück für Stück zu befreien und dann wirklich frei und unabhängig zu werden. Dass ein solcher Prozess schwierig und langwierig ist[88], soll hier nicht verschwiegen werden. Insbesondere aber kann es in besonders schwierigen Fällen - bei umfassender Verdrängung der Umstände - gar nicht ohne Hilfe „fachkundiger" Beratung oder gar Behandlung gelingen. Da all diese Wirkungen so vielfältig sind, kann ich auch diese hier nicht weiter behandeln. In der Fachliteratur, auch in Teilen derer, die ich unten angefügt habe, kann ma´u aber natürlich jede Menge Anregungen und Hinweise finden.

Der Bedeutung halber muss ich hier einiges nochmals zusammenfassen, um es deutlicher zu machen. Wir Menschen sind einerseits absolut umfassende Lernwesen. Alles was in unserem Gehirn enthalten ist, wurde vom Beginn unserer Zeugung an durch Eigenkonstruktionen erlernt. Diese Lerninhalte werden aber absolut und ohne Ausnahme von unserer Umgebung vorgegeben. Sowohl Castoriadis als auch Dux, um neben den schon erwähnten Analytikern auch andere Zeugen zu nennen, haben diesen Umstand deutlich beschrieben. Der alles entscheidende Umstand besteht nun aber darin, wie diese Lernprozesse ablaufen. Vor allem welche Inhalte und Verhaltensnormen eine Gesellschaft bereit hält, praktisch agiert, die von einem neugeborenen Kind erlebt und von daher abgeleitet erlernt werden.

Dass hier die Entwicklung der Weltsichtebenen eine absolut fundamentale Rolle spielen, muss dringend beachtet und anerkannt werden. Es gibt einen Text von Claire Graves der dies absolut deutlich belegt: „Kurz, was ich vorschlage, ist, dass die

---

[87] hier vor allem zuerst ganz speziell die Wirkungen der ganz persönlichen Umgebung, also zunächst der Eltern gemeint, aber dann vor allem der „tonangebenden" Eliten
[88] in der Regel dauert er bis ans Ende eines jeweiligen Lebens.

Psychologie des reifen Menschen ein sich entfaltender, ans Licht bringender, schwingender Prozess in Spiralform ist, der von fortschreitender Unterordnung älterer Verhaltenssysteme einer niedrigeren Ordnung unter neuere Systeme einer höheren Ordnung geprägt ist, während die existentiellen Probleme des Menschen sich verändern. Jede folgende Stufe, Welle oder Ebene der (geistigen) Existenz ist ein Zustand, den Menschen auf ihrem Weg zu anderen Seinszuständen durchmachen. Wenn der Mensch in einem Existenzzustand zentralisiert ist (wenn sich also das Ich-Bewusstsein auf einer bestimmten Ebene befindet), dann hat er oder sie eine Psychologie, die diesem Zustand eigen ist. Seine oder ihre Gefühle, Motivationen, Moralvorstellungen und Werte, Biochemie, Grad neurologischer Aktivierung, Lernsystem, Glaubenssystem, Begriff geistiger Gesundheit, Vorstellungen davon, was eine psychische Störung ist und wie sie behandelt werden sollte, Konzepte/Vorstellungen von und Vorlieben für Management, Erziehung, Ökonomie und politische Theorie und Praxis sind alle für diesen Zustand passend"[89].

Betrachtet ma´u sich diese Worte, wird eines deutlich; alles, was eine jeweilige Gesellschaft an Denk- und Verhaltensweisen hervorbringt[90], ist eine Folge aus der jeweils herrschenden Weltsichtebene. Das gilt damit natürlich auch für den derzeit herrschenden Kapitalismus und den diesen umfassend stabilisierenden Neoliberalismus, der ja eine Freiheit „für Alle" mit allen Mitteln verhindert. Da in diesem Denken weder die Voraussetzung für eine grundlegende Kritik seiner Zustände existiert – die ja erst auf der folgenden Weltsichtebene möglich ist -, noch daher eine wirkliche Veränderung dieser Zustände

---

[89] zitiert aus Ken Wilber „Integrale Psychologie" S.57
[90] also auch das, was diese Gesellschaft in ihrer politischen Realität und Organisation ausmacht.

möglich ist, kann dies letztlich erst auf der folgenden Ebene gelingen. Wir werden uns im letzten Kapitel damit noch ausführlich beschäftigen müssen.

Hier ist es aber jetzt unbedingt erforderlich, den Unterschied zwischen einer Freiheit nach dem Verständnis des Verstandes und dem der Vernunft zu verdeutlichen. Nochmals; nach Kant ist der Verstand das Vermögen der Begriffe und die Vernunft das Vermögen der Ideen. Vermögen meint hier das Verständnis von etwas. Also hier eines Begriffs und da einer Idee. Beginnen wir mit dem Verständnis des Begriffs. Freiheit meint nun bezogen auf den Begriff Freiheit jede Möglichkeit sich frei zu entscheiden und danach zu verhalten. Gemeint ist hier aber nur ein Entscheiden oder Verhalten im Bereich dessen was sowohl die persönlichen als auch die gesellschaftlichen Bedingungen vorgeben oder erlauben. M.a.W., jede persönliche oder gesellschaftliche Bedingung oder Vorgabe wird in einem solchen „freien" Handeln weder hinterfragt. noch dessen Folgen bedacht oder gar beachtet. Wir sind hier voll und ganz in dem derzeit allgemein üblichen Zustand, in dem „freies" Handeln stattfindet. Alles was die weitaus überwiegende Mehrheit der Menschen tut oder lässt, entspringt und entspricht dem, was ihnen die geschichtlich-gesellschaftliche Imagination vorgibt bzw. auferlegt. Der Philosoph Peter Bieri hat diesen Umstand in seinem Buch „Das Handwerk der Freiheit" umfassend belegt dargestellt. Dies besonders deutlich im Hinblick auf die persönlichen, aus der Ontogenese herkommenden Begrenzungen.

Ganz anders stellt sich dies bei einer wirklich **vernunftmäßig gelebten Idee der Freiheit dar**. Hier wird sowohl ganz im Sinne Mills eine Handlung nach ihren daher kommenden Folgen beurteilt. Aber nicht nur wie bei Mill in Bezug auf die persönliche Umgebung und schon gar nicht des wirtschaftlichen Erfolgs.

Hier geht es über die persönliche Umgebung hinaus auch darum, wie sich „mein" Verhalten auch und gerade auf die Umwelt auswirkt. Siehe die Themen Ausbeutung der Erde, Vermüllung und Klima, um nur die wichtigsten zu nennen. Ganz besonders wichtig ist aber der Umstand, dass hier auch ganz im Sinne Bieris, vor allem aber der Idee der Freiheit, die inneren Vorgaben und Beweggründe beobachtet, beachtet und kritisch hinterfragt werden. Es sei hier besonders nochmals an das Thema Untertanentum erinnert. Noch wichtiger ist aber der Umstand, dass es hier zumindest ansatzweise bewusst ist, in welchem Maße unsere derzeitige Gesellschaft durch „besondere Interessen" beeinflusst wird, um es vorsichtig auszudrücken. Ich werde diesen Umstand in den Kapiteln Gesellschaft und Staat besonders deutlich herausarbeiten und dort nochmals in diesem Zusammenhang aufzeigen. Wenn ma´u sich diese beiden Darstellungen anschaut, wird sehr schnell deutlich, dass eine wirkliche Freiheit nur auf der letzteren Grundlage gelebt werden kann. Dies sollte sich jede/r Leser*in gerade für sich selbst im Sinne eines persönlichen Lebenssinnes unbedingt verdeutlichen.

Hier ist aber noch eine weitere Anmerkung entscheidend. Die Begriffe frei sein und Freiheit sind keineswegs deckungsgleich, wie viele glauben. Das genaue Gegenteil ist der Fall.

> Die Worte frei sein bringen jede Erfahrung eines je einzelnen Menschen zum Ausdruck, den diese/r sowohl in seiner Handlungsfreiheit erfuhr, vor allem aber in allen seinen freien Entscheidungen.
> Das Wort Freiheit aber ist das Abstraktum zu dem Adjektiv frei. Es wird aber in einem Sinne benutzt, als würden damit alle freiheitlichen Vorstellungen der Menschen darin abgebildet.

Aber das ist natürlich völlig unmöglich. Ma´u kann die unzähligen unterschiedlichen „freien" Erfahrung „aller" Menschen niemals in einem solchen Wort wiedergeben. Das ist völlig ausgeschlossen. Und genau hier liegt der Grund, warum der jeweils „gemeinte" Ausdruck dieses Begriffs so umstritten ist. Einfach deswegen, weil eben jederma´u etwas Anderes darunter versteht.

Das Problem das hieraus entsteht und das genau in diesem Sinne missbraucht wird, hat Isaiah Berlin mit den folgenden Worten deutlich auf den Punkt gebracht. „Alle Freiheitsvorstellungen leiten sich direkt aus den Anschauungen darüber her, wodurch ein Selbst, eine Person, ein Mensch konstituiert wird. Wenn man die Definition des Menschen mur lange genug manipuliert, kann dem Begriff der Freiheit jede Bedeutung untergeschoben werden, die dem Manipulator erwünscht ist. Die neuere Geschichte hat nur allzu deutlich gemacht, dass es sich hierbei keineswegs um eine rein akademische Frage handelt"[91]. Noch deutlicher kann ma´u unsere derzeitige Realität nicht beschreiben. In den folgenden Kapiteln werde ich dies umfassend nachweisen.

---

[91] a.a.O. S.214

V. Kapitel, Freiheit und Gesellschaft

Mit all den bisher behandelten Themen haben wir uns natürlich immer auch schon im Hintergrund mit dem hier anstehenden Thema beschäftigt. Es ist daher unerlässlich die Bereiche Gesellschaft und Staat getrennt zu betrachten, da staatliche Um- und Zustände immer aus gesellschaftlichen hervorgehen. Genauer muss ich sagen: sich letztlich immer auf die Einstellung der einzelnen Menschen beziehen. Oder noch anders gewendet: Entscheidungsfreiheit ist vor allem und zuerst die Freiheit des Einzelnen, wie sie in einer Gesellschaft entwickelt und gelebt wird, bzw. werden kann. Ich bin mir bei dieser Formulierung sehr bewusst, dass ich hiermit bestimmte Freiheitsbegriffe ausklammere. Diese spielten und spielen historisch und oft auch noch aktuell eine wichtige Rolle. Denken Sie bitte z.B. die „Freiheit" des Volkes im Nationalsozialismus, oder die „Freiheit" der Arbeiterklasse im Kommunismus. Aber alle solche Prinzipien, - auch solche des Konservativismus oder Populismus – führen in aller Regel dazu, dass in „ihrem Namen" die Rechte einzelner Individuen oder gar ganzer Volksgruppen verneint und unterdrückt wurden und werden. Im Extremfall werden solche Menschen sogar „im Namen" des vorgegebenen „Freiheitsrechts" schlicht umgebracht, siehe den Holocaust, oder die Gulags der Welt im letzten Jahrhundert. Hier wäre ein erster Hinweis auf das Zitat von Berlin angebracht.

Auf der anderen Seite sind die rein staatlichen Umstände meist abstrakte und/oder „übergeordnete", die die entscheidenden Rechte nur indirekt oder gar undeutlich wiedergeben. Daraus folgt; der jeweilige Staat ist in einem grundlegenden Ausmaß eine Wiederspiegelung der gesellschaftlichen Umstände. Oder noch deutlicher, des jeweiligen Standes der Diskussion zu solchen allgemeinen Themen. Damit ist natürlich nicht das Mindeste darüber ausgesagt, wie die Meinung eines/r je einzelnen Bürger(s)*in zu diesem Thema beschaffen ist. Hier lassen natürlich wieder die verschiedenen Weltsichtebenen grüßen. Ja es ist noch nicht mal sicher davon auszugehen, dass es die Mehrheit der jeweiligen Bürger*innen ist, die in Übereinstimmung mit den Bestimmungen gerade zu den Freiheitsrechten des Staatswesens sind, in dem sie leben. Hier spielen sowohl historische, als auch klassenspezifische Umstände eine entscheidende Rolle. Anders gewichtet könnte ma´u auch sagen, dass sich in solchen Fragen eher die dominanten[92] Bereiche der gesellschaftlichen Schichten durchsetzen, also das, was Marx den "Überbau" nannte. Aber dieser Umstand galt historisch seit Beginn der Zivilisation schon immer. Um nun zu diesen Zusammenhängen einigermaßen gesicherte Aussagen machen zu können, wollen wir uns daher die allgemeinen gesellschaftlichen Umstände zunächst jedes einzelnen Menschen in unserer Gesellschaft anschauen. Das meint natürlich nicht, dass wir eine Person anschauen sollten oder gar könnten. Wir können uns aber sehr wohl die üblichen Bedingungen innerhalb einer Familie betrachten.

In meinen Büchern „Das Patriarchat" und „patriarchales denken und sich verhalten, ...getreu bis in den Tod" habe ich gerade zu den allgemeinen Erziehungsbedingungen in dem immer noch herrschenden patriarchalen Denken Umfassendes gesagt, was Sie jederzeit nachlesen können. Ich werde mich daher auf einige wesentliche Hinweise beschränken, die ich dann auch ohne nähere und/oder umfassendere Erklärungen oder gar Belege nenne. Um das ganze Ausmaß der Probleme zu ver-

---

[92] hier im Sinne der allgemeinen Meinung und der öffentlichen Diskussion gemeint.

stehen, ist es vorab wichtig sich bewusst zu machen, dass Kinder praktisch[93] ohne solche Kenntnisse, Fähigkeiten und Möglichkeiten zur Welt kommen. Alle diese müssen erlernt werden. Ganz konkret gemeint sind hier all die menschlichen Verhaltensweisen, was Forscher*innen als Linien kennen, bzw. benennen. Oder konkreter, es sind menschliche Bedürfnisse und Eigenschaften, die wissenschaftlich erforscht wurden und werden, die meist als unsere Charaktereigenschaften gelten. Damit gilt dies z.b. auch für unser Denken, also die Kognition, unsere Empathie-Fähigkeit usw. usw. Es wird doch aber immer behauptet, dass wir das „Meiste" über unsere Gene vererbt bekämen?

Dies gilt natürlich durchaus für einen großen Umfang der eher biologischen Lebensvoraussetzungen. Aber gerade nicht für die eher zwischenmenschlichen. Es handelt sich hier um Fähigkeiten, die

> einerseits wohl erst in spezifisch menschlicher Umgebung wichtig sind, nicht aber in biologischen. Darüber hinaus wäre
> zweitens meiner Überzeugung nach auch eine genetische Fixierung zu unflexibel und könnte sich nicht in dem extremen Maße an menschliche Umstände anpassen, wie dies in den hier gemeinten Fällen geschieht und ja auch erforderlich ist.
> Darüber hinaus bin ich drittens im Gegensatz zu der allgemeinen wissenschaftlichen Meinung über solche zwischenmenschlich wichtigen Umstände der Mei-

---

[93] zumindest „gesellschaftlich" gesehen, also mit Verhaltensweisen, die sich im gesellschaftlichen Umfeld auswirken, bzw. dieses erst ermöglichen.

nung, dass sich häufig auch familiäre Probleme zeitlich über Schwingungsfelder erhalten[94]. Dies folgt aber auch aus den Erfahrungen aus den Familienaufstellungen nach Hellinger.
Viertens existieren aber auch immer Wirkungen aus früheren Leben, wie es die Erfolge der sog. Rückführungstherapien nahelegen.

Aber die alles entscheidenden Umstände menschlicher Entwicklungen folgen aus den ganz konkreten Wirkungen der jeweiligen familiären Umstände und Verhaltensweisen. Der deutsche Philosoph Günter Dux hat es sehr deutlich mit folgendem Satz beschrieben: „Die ganze Welt eines Kindes ist eine durch die Eltern vermittelte Welt"[95]. Also ganz klar und deutlich:

alles das, was ein Kind denkt und spricht,
wie es praktisch und „theoretisch" handelt,
seine moralischen Möglichkeiten,
seine Empathie-Fähigkeit usw. usw.

also all das, was ich seine/ihre „Bilder im Kopf" nannte, oder die Wissenschaft Linien, sind umfassend und grundlegend durch die Eltern „vermittelt", durch diese vorgegeben. Es sei aber auch darauf verwiesen, dass dieser Umstand durch Kinderkrippen immer mehr „außer Haus" verlagert wird. Oder, um es noch anders auszudrücken: praktisch alle Eigenschaften eines Menschen, auch seine charakterlichen, „übernimmt" er/sie zunächst umfassend von seinen Eltern. Dies geschieht meist durch Nachahmung, manchmal auch als Gegenreaktion.

---

[94] ich beziehe mich hier speziell auf die morphogenetischen Felder Sheldrakes, siehe auch die Literatur.
[95] Günter Dux „Die Moral in der prozessualen Logik der Moderne" S.174

Ganz wichtig ist hier auch zu beachten, dass viele einem Klein-kind unangenehme, vor allem aber schmerzhafte Erfahrungen aus der frühen Kindheit völlig verdrängt wurden. Diese haben aber sehr wohl oft umfassende Auswirkungen auf das spätere Verhalten[96]. In aller Regel kann das dann der betroffene Mensch weder verstehen noch kontrollieren. Es handelt sich hier um das, was manche Forscher unser Unbewusstes nen-nen, andere einen Schmerzkörper.

Um aber einem vorschnellen Schluss vorzubeugen, sind zwei Hinweise wichtig.

> Erstens bringt jedes Kind eine gewisse „Bereitschaft", ich könnte das auch Offenheit nennen, oder gar sein eigenes Bedürfnis mit, auf Grund deren es all das er-lernt und/oder sich aneignet, was ich oben Linien nannte. M.a.W., es verhält sich je nach Möglichkeit und Vorgaben je eigen zu den gegebenen Umstände seiner familiären Umgebung. Oder noch anders; es entwickelt sich auf dieser Voraussetzung hin individu-ell. Ich denke jederma´u kennt von sich her oder durch Beobachtung, dass Geschwister, die ja doch weitgehend in der gleichen Umgebung aufwachsen[97], trotzdem die verschiedenen Geschwister teils sehr unterschiedliche Menschen werden können.
> Zweitens müssen die heranwachsenden Menschen keineswegs in dem Ausmaß von ihren Eltern abhängig bleiben, wie das manchmal geschieht. Das hängt ganz entschieden sowohl von der Bereitschaft der Eltern ab, ihre Kinder „loszulassen". Vor allem aber auch von

---

[96] siehe das Thema des Unbewussten oder des Über-Ich.

[97] dass manchmal beide Eltern oder eines von beiden auf die unter-schiedlichen Kinder unterschiedlich reagieren, sich diesen gegen-über unterschiedlich verhalten, also das was oft als Papas oder Ma-mas Liebling gilt, sei hier nicht unterschlagen.

der jeweiligen Fähigkeit eines Kindes sich von seinen Eltern „abzunabeln". Also sich selbst, als auch die Eltern kritisch wahrzunehmen, die erkennbaren Verhaltensweisen kritisch zu hinterfragen und die eigenen gegebenenfalls zu verändern.

Mit dieser letzten Bemerkung sind wir bei einem besonders wichtigen Punkt angelangt. Es handelt sich um die Beurteilung der Möglichkeiten, sich innerhalb einer Familie im Sinne persönlicher Freiheit entwickeln zu können. Gemeint ist hier ganz konkret, ob es einem Kind erlaubt ist, eigene Gedanken zu äußern und/oder gar sich danach verhalten zu können. Gerade dieser Punkt ist auch für die mögliche geistige Entwicklung in Bezug auf die Weiterentwicklung der Weltsichtebenen von zentraler Bedeutung. Insbesondere Menschen in patriarchalen Gesellschaften waren und sind es ja, die Kinder in besonderer Weise als „ihr Eigentum" betrachteten und immer noch weitgehend betrachten. Vor allem ganz in dem Sinne, dass ich mit diesem meinem Eigentum „tun und lassen kann", was ich will. In welchem Umfang hier auch heute immer noch das Elternrecht vor dem von Kindern geht, zeigt das jüngste Urteil über Beschneidungen.

Leider gilt dieser Grundsatz selbst heute noch für viele Eltern in einem Ausmaß, der nicht selten zu unglaublichen Folgen führt, wie jedes Jugendamt bestätigen kann. Wie vor allem Arno Grün in seinen Büchern mit den unterschiedlichsten Argumenten immer wieder hervorhebt, ist es besonders die mangelnde Liebesfähigkeit der Mütter, die die Voraussetzung für diese Verhaltensweisen der Eltern liefert. Um aber Vorurteilen vorzubeugen ist unbedingt darauf zu verweisen, dass ihnen solches schon selbst widerfuhr, und deren Müttern, usw. bis weit zurück in den Beginn des Patriarchates. Ganz offensichtlich wird häufig besitznehmendes Verhalten mit Liebe verwechselt. Diese Grundeinstellung vieler Eltern führt immer noch zu dem Grundtenor einer Erziehung hin zum Gehorsam, der nicht selten als totale Unterwerfung gefordert wird. Kinder, die durch eine solche Erziehung in ihrem Eigensein weitgehend zerstört wurden, können gar nicht anders, als ihre Eltern und später gesellschaftliche Autoritäten zu idealisieren, bzw. sich völlig mit ihnen zu identifizieren.

Es ist genau dieser Umstand, der dann im Erwachsenenstadium dazu führt, dass ma´u nie über die Erwartungen der Eltern hinauskommt, bzw. dies gar nicht "wagen" kann. Es zeigt sich aber gerade hier besonders, dass dies auch oft für die jeweilige Weltsichtebene des idealisierten Elternteils gilt. Oder anders ausgedrückt: das betroffene Kind ist häufig außerstande sich über die Weltsichtebene des idealisierten Elternteils hinaus weiter zu entwickeln. Es wird in der Regel immer darin verhaftet bleiben, ich könnte auch sagen be-, genauer gefangen bleiben. Es ist genau dieser Umstand, der dann dazu führt, dass solche Menschen als Erwachsene völlig unfähig sind, eigenständig und/oder freiheitlich zu denken, geschweige denn zu handeln. Ja ganz im Gegenteil entstammen die überwiegende Anzahl der Menschen, die sich mit allen Mitteln gegen Veränderungen in ihrer Umgebung zur Wehr setzen.

Das gilt damit natürlich auch in Bezug auf die Gesellschaft, weil solches die alten Ängste vor den Strafen oder der Missachtung der Eltern anspricht. Wenn es aber jemandem gelingt, die tiefsitzenden Ängste dieser Menschen, aber auch ihre verborgenen Überlegenheitsgefühle oder gar deren Überlegenheitswahn zu „bedienen", kann ma´u solche Menschen zu allen möglichen bis unmöglichen[98] Handlungen missbrauchen. Dies

---

[98] hier sind vor allem menschenverachtende bis zerstörende Handlungen gemeint, die sie anderen antun, um die Verachtung ihrer selbst nicht erkennen zu müssen, bzw. diese auf andere projizieren zu können.

gelang z.B. den Nazis in absolut deutlicher und dies bestätigender Weise. Dabei führen diese Menschen das noch mit aller Überzeugung, ja oft sogar der Begeisterung „des braven Kindes" aus. Das Milgram Experiment war und ist eines der umfassendsten Bestätigungen für die immer noch existierenden Folgen dieser Praxis. Auch die immer noch umfassend angewandten Folterpraktiken weltweit belegen dies eindrücklich und nachdrücklich.

Dies gilt auch und gerade in den immer noch als besonderen Hort der Freiheit hochgelobten USA. Es ist vor allem in unserem Zusammenhang hochbezeichnend, dass es ja fast immer die veränderungswilligen oder Freiheit suchenden Bevölkerungsanteile der jeweiligen Bevölkerungen sind, gegen die sich dieser Terror richtet. Es sind diese Menschen, die solche Bestrebungen mit großer Überzeugung bekämpfen, weil es freiheitsverachtende „Führer" von ihnen fordern.

Interessant ist aber, dass aus diesem Personenkreis diejenigen hervorgehen, die die „positive Freiheit" in besonderer Weise nutzen, ja dann oft regelrecht ausnutzen. Es sind Menschen, die um ihre persönlichen Defizite auszugleichen und/oder zu kompensieren, sich in völlig überzogener Weise selbst „aufblasen", wie dieser Zustand im Volksmund so treffend bezeichnet wird. Da das aber sehr häufig Personen aus dem Kreis der Eliten sind, akzeptieren sie dann dementsprechend kein Maß der Selbstbegrenzung. Hier haben wir einen Personenkreis, der, wenn er sich auf das Gebiet der Macht und/oder der Finanzen begibt, unbegrenzten macht- und/oder materiellen Ansprüchen Tür und Tor öffnet. Oder anders formuliert: solche Menschen sind unfähig Begrenzungen zu sehen und/oder anzuerkennen. Dies gilt besonders für solche, die die Lebensumstände und Bedürfnisse anderer, die daraus an sie gestellt werden ablehnen, da sie für sich selbst keine Grenzen kennen und akzeptieren. Mr. Trump ist für diese Aussage ein Paradebeispiel.

Es handelt sich in der Regel um Personen, die einerseits als kleine Kinder völlig dem Willen ihrer Eltern ausgeliefert und unterworfen waren. Gleichzeitig aber bei „Wohlverhalten" völlig verzogen und „vergöttert" wurden. Genau aus diesem Zusammenhang entsteht

> einerseits ein meist gut verborgener Hass,
> aber gleichzeitig eine völlig überzogene Maßlosigkeit
> den eigenen Bedürfnissen gegenüber.

Ich will hier jetzt nicht behaupten, dass alle Menschen, deren überzogene finanziellen „Bedürfnisse", manchmal auch als Gier erkennbar, aus diesem Personenkreis herstammen. Aber zweifellos gibt es deren viele, denn dieser Umgang mit Kindern ist gerade in solch „reicheren" Kreisen nicht selten anzutreffen, wie jede "Domina" bestätigen kann.

In direktem Zusammenhang mit diesen Überlegungen gilt es, sich bewusst zu machen, wie, bzw. auf welche Art und Weise in Bezug auf den Gedanken persönlich frei zu sein, der allgemeine Zustand von Gemeinschaften zu sehen ist. Ich meine hier sowohl eheliche Gemeinschaften als auch allgemein gesellschaftliche, von Vereinen angefangen, bis zu den Kirchen. Es ist leider festzustellen, dass praktisch immer noch alle im Sinne von Machthierarchien organisiert sind. Oder anders gewendet; wenige bis gar keine versuchen auch nur in Ansätzen wirklich freiheitliche Grundsätze anzuwenden, bzw. in ihrem „Alltag" umzusetzen.

Was aber meine ich eigentlich mit meiner Kritik genauer? Spätestens seit Gerd Hellinger wissen wir, dass alle menschlichen Gemeinschaften nur dann als gelingend und für mich eben freiheitlich zu betrachten und zu verstehen sind, wenn sie so „funktionieren", dass sich ihre „Mitglieder" auf „Augenhöhe" begegnen können. Oder, um Hellinger zu zitieren, wenn sich Geben und Nehmen „wertmäßig" im Gleichgewicht befindet. Auf der Ebene der privaten Beziehungen, insbesondere innerhalb von Familien, gibt es immer häufiger solche fast schon idealen Verhältnisse, wenn auch eher noch selten. Sobald wir aber auf größere Gemeinschaften blicken, ist es damit in aller Regel vorbei. Das gilt bei Vereinen und erst recht bei solchen Organisationen, in denen Macht-über oder gar Geld eine Rolle spielt. Also sowohl größere Unternehmungen, aber vor allem auch in der Politik.

Diese sind alle so eindeutig machthierarchisch organisiert und in ihrem zwischenmenschlichen Verhalten bestimmt, dass hier „Augenhöhe" einfach nicht existiert. Hier haben Geben und Nehmen immer nur eine Richtung: von der Machtposition ausgehend nach „unten", und/oder von „normalen" Mitgliedern aus gesehen nach „oben". Vordergründig ist deren Organisation zwar scheinbar demokratisch. Aber mit der Freiheit jeden einzelnen Mitgliedes zu anstehenden Sachverhalten, oder gar Problemen „frei" ihre Meinung sagen zu können, sind alle diese Organisationen in aller Regel meilenweit entfernt. Hier haben wir übrigens auch einen der entscheidenden Gründe, warum unser Bildungswesen unverrückbar Untertanen hervorbringt, ja hervorbringen muss. Denn in solchen Organisationen ist eines ganz besonders unerwünscht, selbständiges Denken nämlich.

Im Folgenden will ich hier einige wenige Blicke auf eine solche Organisation werfen, die eigentlich selten bis nie in einem solchen Sinne kritisch betrachtet wird, die Gewerkschaften nämlich. Gerade diese Organisation wurde ja einst im Nachgang der revolutionären Ideen von Marx im Sinne von Interessenvertretung der Arbeitnehmer gegründet. Dabei hatte sie sich einmal gerade auch die zukünftige Freiheit der Arbeitnehmerschaft auf die Fahnen geschrieben. Nun. ich weiß natürlich, dass dies eine Freiheit war, die erst durch die Revolution des Proletariates zustande kommen sollte. Diesen Gedanken von Marx lag aber eher ein Freiheitsgedanke im Sinne einer Klasse, der der Proletarier nämlich, zugrunde. Und diesen habe ich schon anderswo als eher kontraproduktiv im Sinne persönlicher Freiheit aufgezeigt.

Nichts desto trotz sind seither rund 150 Jahre vergangen, in denen die Freiheit teils völlig verfemt und bekämpft wurde. Sie wurde aber gerade daher als besonderes Gut wiederentdeckt, das – angeblich - zu erringen auch eine erklärte Absicht der Gewerkschaften war und ist. Die Realität sieht leider anders aus. Ich kann hier allerdings nur drei besonders wichtige Punkte ansprechen. Diese verdeutlichen jedoch den „angestrebten" Zustand gerade im Hinblick auf das Thema Freiheit für Alle sehr gut.

Erster Punkt; Die Führungsebenen bestehen ganz offensichtlich aus dem was ma´u oft Seilschaften nennt. Also Gemeinschaften, die sich gegenseitig durch Absprachen „stützen" und „fördern". Natürlich ist dabei solches in aller Regel nicht ohne „Gegenleistungen" zu haben. Das kann ma´u insbesondere daran erkennen, dass die Wahl neuer Führungspersonen längst vor den Wahlversammlungen abgesprochen ist und praktisch feststeht. Die überwiegende Zahl der Mitglieder hat auf diesen Vorgang offensichtlich keinen Einfluss. Ist dieses Verfahren schon demokratisch ein Unding, so hat es mit einer gelebten oder gar erstrebten Freiheit aber nun gar nichts zu tun.

Zweiter Punkt: auch Gewerkschaften sind häufig auch Arbeitgeber. Aber nach allem was ma´u aus solchen

Firmen hört, sind Gewerkschaften schlimmere Arbeitgeber[99], als dies andere Arbeitgeber sind.

Dritter Punkt: die Öffentlichkeit regt sich immer wieder, und meiner Überzeugung nach auch voll und ganz zu Recht, über die völlig überhöhte Entlohnung und Bonuszahlungen von Spitzenmanagern auf. Höchst selten wird aber darauf verwiesen, dass in den zuständigen Entscheidungsgremien immer auch Gewerkschaftsvertreter sitzen. Ich kann mich an keinen Fall erinnern, dass sich diese jemals gegen solche Entscheidungen gewandt hätten, zumindest ist solches nie bekannt geworden. Ich denke, dass auch diese Umstände keine öffentlichen Anregungen zur Entwicklung persönlicher Freiheitsrechte befördern.

Ein weiteres wichtiges Problem moderner demokratischer Gesellschaften hängt mit dem Umstand allgemeiner Sicherheit zusammen. Ich habe schon auf diesen Zusammenhang weiter oben aufmerksam gemacht, weil er auch in wichtiger Weise auf die Reaktionen eines Staates einwirkt. Hier geht es mir aber um einen anderen Aspekt dieses Zusammenhanges. Angst gehört zu den wirksamsten Mitteln obrigkeitshörige Bürger zu manipulieren. Jeder, der nur in Ansätzen etwas von den Umständen weiß, die ich bisher hier vortrug, kennt solche Sachverhalte. Und wenn dann noch besondere wirtschaftliche und politische Interessen eine Rolle spielen, wird auf dieser „Tastatur" umfassend „gespielt".

Ein in manchen Umfängen fast schon groteske Beispiele liefern hier die USA. Sehr gute Belege beschreibt hier Michael Moore mit seinem Buch "Stupid white men". Die Interessen der sog. Waffenlobby der USA lassen hier grüßen. Aber das ist nur der

---

[99] im Sinne der Einhaltung von arbeitnehmerfreundlichen Standards gemeint.

Anfang des Problems. Die schon oben angesprochenen Einschränkungen freiheitlicher Rechte, die wegen des Terrorismus gerade hier ohne größere Widerstände der Bevölkerung
durchgeführt wurden, gehören besonders hierher. Selbst poli-
tisch schwer nachvollziehbare Handlungen, wie die immer
noch aufrechterhaltene wirtschaftliche Isolation Kubas gehört
dazu. So begründete doch ein amerikanischer Politiker eine damals versuchte Invasion Kubas mit der „Gefahr" eines Angriffs
Kubas auf die USA. Auch hier zumindest innerhalb der USA
ohne nennenswerte Gegenrede.

Noch interessanter ist hier der Umstand, dass am Höhepunkt
des kalten Krieges auch bei uns hier in Deutschland viele Häu-
ser mit Bunkern gebaut wurden. Ganz offensichtlich aber ist es,
dass vor allem diese Argumente sowohl im privaten Bereich,
als auch im politischen gang und gäbe sind. Dies deshalb, um
gegen Meinungen und Angebote andersdenkender Menschen
oder Parteien vorzugehen und gegen diese Stimmung zu machen. Hier werden dann oft die abenteuerlichsten Behauptungen aufgestellt, ohne dass dies „befangenen" Menschen auf-
fiele. Zum Beleg dieser Aussage ein jüngstes Beispiel; der Grü-
nenpolitiker Habeck hat jüngst mit Bezug auf das GG Art. 15
den Vorschlag gemacht, die großen Vermietungskonzerne zu
verstaatlichen. Damit sollten die immer größer werdenden Ge-
winnabschöpfungen aus den Mieten unterbunden werden. Sofort erhob sich vor allem aus neoliberalen und konservativen
Kreisen das typische Geschrei Sozialismus, Sozialismus.

Also die typische Verschwörungsmasche. Erstens wird dadurch
der ja begründete Zusammenhang mit dem GG völlig ausge-
blendet. Noch wichtiger ist aber, dass diese gleichen Kreise
noch nie einen Ton in einem vergleichbaren Sinne von sich gaben, wenn ganze Dörfer, sprich die dortigen Bewohner, umfassend enteignet wurden. Und zwar dann, wenn ihr Eigentum zur
Erweiterung der Tagebaue der Braunkohlereviere „gebraucht"

wurde. M.a.W., wird das Eigentum von Großkonzernen, selbst bei völlig nachvollziehbaren Gründen, angetastet, ist das für diese Kreise absolut „verwerflich" und mit allen Mitteln, insbesondere der Propaganda, zu bekämpfen. Wird das ganz gleiche Mittel aber „unteren" Bevölkerungskreisen im Interesse dieser Konzerne und damit der Geldeliten angetan, ist das unter Verweis auf das GG völlig „gerechtfertigt" (??). Noch mehr Heuchelei geht nicht. Es zeigt sich allenthalben, dass es zum Erreichen wirklich allgemeiner Gleichheits- und damit Freiheitsrechte noch ein ganz schön weiter Weg ist. Und dies gilt auch und gerade für einen wirksamen privaten wie öffentlichen Schutz derselben.

VI. Kapitel, Freiheit und Staat

Bis hierher wurde ein gewisser Überblick über allgemeine Umstände, Voraussetzungen und Bedingungen der Möglichkeiten „Freiheit" zu verstehen und zu leben dargeboten. Ab hier wollen wir uns jetzt ganz konkret über die derzeit existierende Praxis von staatlich „gewährtem" freiheitlichem Verhalten unterhalten. Ich möchte aber diesen Abschnitt mit möglichst genauen Begriffsbestimmungen beginnen. Nämlich solchen, wie sie derzeit in den Gesellschaftswissenschaften üblich sind. Diesen dann aber auf dem Hintergrund dessen kritisch hinterfragen, welchen wir uns bisher erarbeitet haben. Beginnen wir also bei dem Wort selbst. Das Wort „Freiheit" wurde als Abstraktum zu dem Adjektiv „frei" gebildet. Dieses Wort stammt nach Überzeugung von Etymologen im Deutschen aus dem germanischen fri halsa, also jemand, dem sein Hals selbst gehört. Es ist leicht zu erkennen, dass dieses Wort wohl mit Bezug auf die Sklaverei entstand. Und so können wir aus dieser indogermanischen Wurzel herleiten, dass jemand, der frei ist, „zu einer Gemeinschaft von einander Nahestehenden und Gleichberechtigten gehört, zwischen denen ein friedlicher Zustand herrscht und die diesen inneren Frieden gemeinsam gegen Übergriffe von Dritten verteidigen". Somit wäre „Freiheit" als Persönlichkeits-, aber auch Rechtsstatus immer relativ zu einer Gruppe und an die Bereiche, in denen diese normative Herrschaft ausübt, gebunden" (meist Wik).

Wie ma´u sehr schnell erkennen kann, ist eine solche Vorstellung von Freiheit ziemlich genau diejenige, die wir bis zum Mittelalter geltend machten. Es ist aber ebenso deutlich zu erkennen, dass dies wenig bis gar nichts mit dem Begriff von frei sein zu tun hat, den wir bisher ansatzweise besprochen haben.

Aber schauen wir weiter. Wir können jetzt folgendes lesen: "Freiheit wird auf zwei Ebenen bezogen: zum einen geht es um Selbstbestimmung des Willens (Willensfreiheit) und zum anderen um die Selbstbestimmung des Handelns (Handlungsfreiheit). Willensfreiheit beschreibt die Fähigkeit des Menschen, willentlich frei zu handeln".

In dieser allgemeinen Formulierung können wir deutlich das Konzept der positiven Freiheit wiedererkennen. Hingegen wird „Handlungsfreiheit generell verstanden als die Abwesenheit äußerer Zwänge und Bindungen". Vordergründig also die negative Freiheit. Betrachten wir uns nun aber die aufgeführten „Zwänge" können wir sehen, dass dieses Konzept wenig mit einer negativen Freiheit im eher abstrakten Sinne – z.B. Kants - vernunftmäßiger Entscheidungen zu tun hat. Dies gilt erst recht für die von mir oben vorgeschlagenen Formulierungen der Handlungsfreiheit, sowie Freiheit in Bezug auf Verstand und Vernunft. Denn wir lesen, dass diese naturhafter Art, etwa in Form körperlicher Behinderung, sein können, oder aufgrund von Normen und Konventionen ihren Ursprung in der Gesellschaft haben.

Die Handlungsfreiheit haben wir schon weiter oben definiert. Es geht hier besonders darum, ob die konkrete Situation ihre Realisierung gestattet. In Bezug auf diese Definition kann ma´u deutlich erkennen, dass die Einschränkungen der Freiheit des Handelns nichts mit logischen Gründen zu tun hat. Sie entsteht vor allem und zuerst aus gegebenen gesellschaftlichen, bzw. staatlichen „Umweltbedingungen". Diese Einschränkungen in Bezug auf das Handeln hat damit praktisch nichts mit dem Inhalt von Freiheit zu tun, wie wir ihn hier spätestens seit Locke und Kant, dann aber besonders Mill als **die** Freiheit kennengelernt haben. Es ist aber genau diese, um die wir uns hier bemühen wollen.

Es geht mir hier ganz ausdrücklich und nachdrücklich um individuelles frei sein jedes Menschen. Und zwar als Selbstbestimmung in Bezug auf eigene Entscheidungen zunächst seines Verstandes. Dann aber insbesondere seiner Vernunft. Eine solche Selbstbestimmung wäre dann auch die Voraussetzung einer grundlegenden Chancengleichheit für alle Menschen weltweit. Dies gilt besonders dann, wenn sie denn vielleicht einmal gegeben sein wird. Eine solche Kategorie ist aber nicht konkret von natürlichen Umständen herzuleiten. Ja selbst geschichtliche Umstände können, wie wir schon gesehen haben, eher gegen sie als für sie eingesetzt werden. Es handelt sich ganz eindeutig um einen abstrakten Inhalt von Verhaltens- Moral- und Glaubensnormen, die als solche grundsätzlich in einem natürlichen Zusammenhang und Spannungsverhältnis zu anderen Werten stehen. Dieses Verhältnis wurde bereits in der Französischen Revolution durch die Forderungs-Trias von „Freiheit, Gleichheit, Brüderlichkeit" umschrieben, die ja ihrerseits auf Montesquieu zurückgeht.

Es ist ganz offensichtlich, dass diese drei Werte eine Auswahl unter mehreren anderen darstellen. Diese können je nach persönlicher oder gesellschaftlicher Gewichtung durchaus wechseln. Zu nennen wären hier auf jeden Fall noch solche Werte wie Sicherheit, Gerechtigkeit, Glück und Gesundheit, zumindest im Sinne von persönlichem Wohlergehen. Vor allem aber ist frei sein ohne eine entsprechende wirtschaftliche Basis[100] kaum bis gar nicht zu leben. Es sei denn, ma'u würde aus dieser Gesellschaft komplett „aussteigen". Aber auch damit ist die Skala solcher Werte keineswegs erschöpft. Darüber hinaus bezog sich früher eine so geforderte Gleichheit eher auf die Gleichheit vor dem Gesetz. Während sie heute immer mehr in

---

[100] zumindest innerhalb der heutigen gesellschaftlichen Bedingungen.

der allgemeinen Debatte auf eine als gerecht empfundene größere materielle Gleichheit als allgemeine Wertvorstellung hervorgehoben wird. Natürlich darf dann aber nicht die Gleichheit vor dem Gesetz übersehen werden.

Alle diese Werte stehen nun in unterschiedlichen Spannungsverhältnissen zu einem selbstbestimmten freien Sein. Weiterhin ist in diesem Zusammenhang nach wie vor umstritten, ob die Menschen frei sind, insoweit sie sich in absoluter Souveränität entscheiden. Oder nur insofern, als sie ihre Entscheidungen an Gründe binden, also die Einschränkungen der positiven Freiheit von „Innen". Alle diese Schwierigkeiten resultieren einerseits aus der Abgrenzung zwischen natürlichen Bedürfnissen, inneren Zwängen, äußeren Anreizen, rational-ökonomischen Eigeninteressen und frei sein im Sinne von Unabhängigkeit, aber natürlich auch daher, dass dieses freie Sein als allgemeines Gut nach wie vor aus den unterschiedlichsten „Ecken" von egoischen (Rot), vorgegebenen (Blau) oder angemaßten (Orange) Interessen abgelehnt und/oder sogar immer noch bekämpft wird. Eine Bühne, auf der diese Kämpfe ausgetragen werden ist der jeweilige Staat. Bevor wir darauf fundiert eingehen können, müssen wir uns ganz kurz anschauen, was wir unter einem Staat verstehen wollen.

Wie immer bei solchen Begriffen streiten sich heute mehrere Wissenschaften um einen passenden, oder gar zutreffenden Begriff. Dabei kommt diesen Streitereien zugute, dass „Staat" grundsätzlich ein mehrdeutiger Begriff verschiedener Sozial- und Staatswissenschaften ist. Im weitesten Sinne bezeichnet er eine politische Ordnung, die „innerhalb eines bestimmten Gebietes[101] das Monopol legitimer physischer Gewaltsamkeit für sich beansprucht". Also ein auf Legitimität - die Verfassung

---

[101] ma´u spricht hier in der Regel von Staatsgebiet.

- gestütztes „Herrschaftsverhältnis von Menschen über Menschen". Diese Beschreibung Max Webers gehört sicherlich zu den allgemeinsten, die ma´u hier anführen kann. Ich will sie aber hier im Hinblick auf patriarchales, machthierarchisches Denken, aus dem sie ja hervorging, noch präziser formulieren.

Jeder Staat war seit Beginn der Existenz von Staaten an immer nur eine von den Herrschenden durch gesetzlich legitimierte Gewalt, manchmal auch mit Hilfe von Religionen und/oder Ideologien geschaffene und begründete gesellschaftliche Institution. Diese meist zunächst durch Gewalt an die Macht gekommenen Herrschenden waren dadurch in der Lage, innerhalb des von ihnen beherrschten Gebietes ihre Herrschaft und ihre Privilegien den in diesem Staatsgebiet lebenden Menschen gegenüber mit Macht-über und Gewalt zunächst zu definieren. Dann aber ebenso mit Macht-über und Gewalt durchzusetzen. Eine solche Herrschaftsdefinition bestand seither und bis heute sowohl aus den von ihnen geschaffenen Gesetzen, als auch aus den von ihnen beanspruchten Grenzen. Und zwar sowohl nach innen als auch gegenüber anderer Staaten nach außen.

Spätestens seit Hobbes verfiel ma´u dann darauf den "Untertanen" einen Vertrag aufzunötigen, eine sog. Verfassung. Diese diente und dient dazu den Unterdrückten und Ausgebeuteten[102] diese Machtverhältnisse zu verschleiern. Diese ließ ma´u dann in den sog. Demokratien sogar vom Volk "absegnen". Eine solche "Abstimmung"[103], die ja erwartungsgemäß von den

---

[102] vergl. hierzu Stanley Diamond "Kritik der Zivilisation".

[103] die übrigens in der BRD nie durchgeführt wurde, was damit zu tun hat, dass das derzeitige Grundgesetz ein von den damaligen Besatzungsmächten vorgegebenes Besatzungsstatut war und daher bis heute ist. Vergl. als Beleg hierzu den bedeutenden Staatsrechtler Hans Herbert von Arnim „Staat ohne Diener" und „Die Deutschlandakte" und andere, aber auch den § 146 GG.

Untertanen zustimmend bewertet wurde, wurde und wird seither dem Volk damit als ihr Wille verkauft. Ich vermute sehr, wenn Sie diese Sätze gelesen haben, dass Sie jetzt glauben, der Autor habe einen Vogel. Das kann doch gar nicht sein, wir haben doch wirklich abgestimmt[104] und sind doch heute "freier" als je zuvor. Antwort: ein klares und deutliches JEIN.

Um dies zu belegen, müssen wir uns die wirklichen Umstände etwas näher anschauen. Zunächst die Begründung des Ja, weil diese relativ schnell zu erledigen ist. Zweifellos hat die Entwicklung hin zu demokratischen Verfassungen auch mehr Rechte und Freiheiten für alle Bürger mit sich gebracht, das ist gar nicht zu bestreiten. Wir – hier sind alle Staatsbürger*innen gemeint - haben eine in den Grenzen der Gesetze im Verhältnis zur Geschichte

> sehr große persönliche Freiheit inklusive des Schutzes unserer Privatsphäre,
>
> umfassende Bewegungsfreiheit,
>
> Glaubensfreiheit,
>
> Pressefreiheit,
>
> Freiheit der Bildungs- und Berufswahl, usw. usw.

Wenn ma´u alle diese Umstände mit denen unserer Geschichte vergleicht, ist das ein absolut großer Fortschritt. Wir haben aber entgegen des ständigen Geschwätzes von Politiker*innen, über viele sog. Wissenschaftler*innen, bis zur Presse, deshalb noch keineswegs eine wirkliche Demokratie[105], übrigens von Beginn dieser Entwicklung an nicht. So schreibt der Harvard Professor Yascha Mounk im Jahr 2017 sehr deutlich: „Die

---

[104] eben nicht, obwohl ma´u uns dies ständig glauben macht, die „Zustimmung" (übrigens ohne Zustimmung Bayerns) kam 1949 von den schon existenten Landesparlamenten

[105] sofern ma´u Demokratie wirklich als Herrschaft, bzw. Souveränität des Volkes versteht. Siehe zur Klärung dieses Begriffes hierzu Jean Bodin und den § 20 GG.

politischen Systeme von Ländern wie Großbritannien oder den Vereinigten Staaten wurden nicht etwa gegründet, um die (wirkliche) Demokratie umzusetzen, sondern um sie zu verhindern"[106].

Damit sind wir aber schon bei dem Nein. Die Freiheit war von Beginn staatlicher Entwicklung an schon immer je nach Rang und Stellung innerhalb dieser Gesellschaften an höchst unterschiedlich verteilt. Dadurch ist ja die obige Behauptung von Mounk mit zu begründen. Es gibt übrigens zu diesem Umstand noch ein höchst bezeichnendes Zitat eines Mannes namens John Jay, einer der sog. Founding Fathers, also der Männer, die über die zukünftige Verfassung der USA berieten. Dieses können Sie bei Noam Chomsky (in „Profit over People") nachlesen. Es bestätigt sowohl Mounk, aber auch die von mir hier vertretenen Gedanken umfassend. Er sagte: „Die Menschen, denen das Land gehört, sollen es auch regieren". Klarer geht es nicht. Aber kehren wir zu unserem Gedankengang zurück.

Von Beginn an dessen, was wir seit Entstehung der ersten Staaten Zivilisation nennen bis heute, gab es eine dünne Oberschicht, die die Gewalt vereinnahmt hatte und die Gesetze erließ. Diese bedienten natürlich insbesondere ihre Interessen. Aber nicht zuletzt unterdrückten und beuteten[107] sie mit Hilfe dieser Gesetze immer die weitaus überwiegende Mehrheit der Bevölkerungen - meist bis zu 90% - aus. Zum Beleg dazu das schon oben erwähnte Zitat von Thrasymachos aus einem Gespräch mit Sokrates: "Ich behaupte, dass das Gerechte nichts anderes ist, als das den Überlegenen (der jeweiligen Gesellschaft) Zuträgliche". Noch deutlicher kann ma´u das Problem,

---

[106] Y.M. „Der Zerfall der Demokratie" S.69. Ich habe übrigens diesen Umstand in meinem Buch „Die westlichen Scheindemokratien, kapitalgesteuert, parteiendominiert" umfassend dargestellt. Weitere Literatur, die diese Aussage belegt, finden Sie in der Literaturliste.
[107] siehe nochmals Stanley Diamond.

vor dem alle Menschen in Staaten stehen, die ja seit Beginn der "Zivilisation" existieren, nicht beschreiben. Nach wie vor hängen Gerechtigkeit und Freiheit immer noch von den allgemein gesellschaftlichen Umständen[108] und insbesondere von den finanziellen Möglichkeiten des Einzelnen ab. Diesen Umstand kann jederma´u bei einigermaßen kritischer Beobachtung unserer gesellschaftlichen Realität feststellen. Zum Beleg dieser Aussage auch hierzu ein sehr interessantes Zitat, eines Mannes namens Amschel Meyer Rothschild 1744 - 1812. „Mich interessiert nicht, wer die Gesetze macht, solange ich das Geld kontrolliere"[109]. Noch deutlicher geht es auch hier nicht, wobei dieses Zitat auch den Hinweis enthält, wer die Macht heutzutage wirklich hat. Dazu kommt noch, dass nach den Revolutionen von England über USA bis Frankreich nicht die "Befreiung" aller Menschen folgte, sondern sich das Bürgertum gegenüber dem Adel in seiner schon länger angestrebten Führungsrolle durchgesetzt hatte[110].

Oder wie es ein etwas flapsiger Satz zum Ausdruck bringt: die Herrschenden haben nur die Kleidung gewechselt. M.a.W., nach wie vor gibt es auch in demokratischen Staaten herrschende Schichten, die auch hier vor allem und zuerst ihre Interessen durchsetzen. Auch hierzu noch zwei weitere Zitate: "Die Welt wird von ganz anderen Personen regiert, als man sich das denkt, wenn man nicht hinter die Kulissen blicken kann"[111]. Oder besonders interessant Horst Seehofer, aus einer Zeit, als er noch bayrischer Ministerpräsident war; "Diejenigen, die entscheiden sind nicht gewählt, und diejenigen die

---

[108] z.B. Stellung und/oder Zugehörigkeit zu bestimmten "Schichten".
[109] dieses Zitat stammt aus dem Internet.
[110] siehe die Geschichte des Liberalismus, aber nochmals das Zitat von Mounk.
[111] Benjamin Disraeli, aus „Coningsby" 1844.

gewählt werden, haben nichts zu entscheiden![112]" Darüber hinaus kann ma´u die Umstände, die dies belegen entweder in Geschichtsbüchern nachlesen, oder in einer Literatur, die das deutlich aufzeigt[113]. Dazu kommen noch folgende Fakten:

nach wie vor "produziert" das öffentliche Bildungssystem Untertanen[114];

unsere Gesellschaften wandeln sich immer umfassender zu Marktgesellschaften, sie sind damit immer grundlegender von Marktinteressen abhängig, ja diktiert[115].

Mit Demokratie oder gar persönlichem frei sein hat das immer weniger zu tun. Die Vermögensverteilung wird immer bedrohlicher in den Händen weniger versammelt und wenn Geld gleich Macht ist, dann kann ma´u erkennen, zu was das führt[116]. Aber nicht zuletzt die ununterbrochen stattfindende

---

[112] dieser Satz entstammt einem Fernsehgespräch mit Erwin Belzig.

[113] in Bezug auf die Entwicklung in den USA wären hier besonders Noam Chomsky, John Perkins und Stephen Kinzer zu empfehlen, siehe die Literaturliste.

[114] siehe nochmals Piaget

[115] siehe z.B. Niklas Luhmann, Karl Polanyi u.a.

[116] siehe als Beleg hier insbesondere "Die zionistischen Protokolle", dessen Herkunft ja sehr umstritten ist. Ich bin mir natürlich der Problematik bewusst, dieses Machwerk hier anzuführen. Aber wenn ma´u den Antisemitismus beiseite lässt, der ja offensichtlich ganz im Geiste des beginnenden 20. Jh. von der Ochrana, dem ehemaligen zaristischen Geheimdienst dort hineingebracht wurde, dann enthält diese Schrift so detaillierte politische, wirtschaftliche und pressebezogene „Anweisungen" zur Zerstörung von Demokratie – siehe oben als Hinweis Disraeli -, die in einem Ausmaß allgemein gesellschaftlich umgesetzt wurden und werden, dass ma´u das Fürchten bekommen kann. Dann die Absichten der Illuminati, z.B. in den Büchern von Adam Weishaupt nachzulesen, aber noch vieler weiterer Geheimorganisationen, die Sie in Wik finden können, wie z.B. die

Zunahme von Bürokratie und umfassender Kontrolle im Interesse Weniger, siehe NSA, zeigt deutlich die derzeitige Entwicklung auf. Und wenn ma´u uns auch noch den TTIP-Vertrag aufzwingt[117], insbesondere unter Einbeziehung der angedachten Schiedsgerichte, öffnen wir alle Tore zur absoluten Weltherrschaft der Globalplayer unter Ausschluss von Recht und Demokratie. Oder anders, diese werden dann nur noch in deren Interessen manipuliert und angewandt[118]. Wo da dann eine Freiheit des Einzelnen bleibt, kann ma´u sich leicht vorstellen. Diese wird durch die Totalüberwachung aller Menschen[119] praktisch abgeschafft.

Wenn wir auch nur ein einigermaßen zutreffendes Bild unserer gegenwärtigen Situation zeichnen wollen, müssen wir unbedingt folgendes beachten:

> die Fernsehprogramme und die Computerspiele betreiben eine umfassende Gehirnwäsche besonders bei Jugendlichen,
>
> ganz zu schweigen von den Folgen der Werbung und des allgemeinen Konsumzwanges.

Ich will aber zumindest noch aus Gründen der Ausgewogenheit bezogen auf unser Thema eine optimistischere (?!) Sicht hinzufügen. Danach ist ein Staat, - genauer müsste ich sagen, sollte es sein -, ein notwendiges, wenn auch begrenztes Instrument,

---

Bilderberger, Skull ans Bones, der CFR, der Round Table, MPS und viele mehr.

[117] der ja trotz der derzeitigen Umstände um Trump damit noch keinesfalls „gestorben" ist

[118] laut einer Studie eines Schweizer Ökonomen beherrschen 146 Großkonzerne die Weltwirtschaft und damit natürlich auch weitgehend die Politik, wobei dies allerdings nur die "sichtbaren" Umstände sind.

[119] also flächendeckende Überwachung des öffentlichen bis privaten Raumes, wie sie derzeit in China umgesetzt wird.

um die Freiheit des Einzelnen sicherzustellen. Diese sehr allgemeine Definition ist dem Umstand geschuldet, dass ja, wie eben gezeigt, der Begriff Staat in wissenschaftlicher, aber auch ideologischer Hinsicht mit unterschiedlichsten Inhalten besetzt ist. Das kann bei einem solchen „Gebilde", in dem alle möglichen Interessengruppen agieren und ihre Interessen versuchen um- und durchzusetzen, nicht verwundern. Wir wollen uns ja aber hier ganz gezielt um Aktionen und insbesondere gesetzliche Bestimmungen bemühen, die das jeweilige[120] staatliche Verhältnis zu einer umfassenden Freiheit aufzeigen sollen. Und zwar solcher, die einerseits die persönliche Freiheit unterstützen, andererseits diese aber verhindern oder gar ganz beseitigen sollen. Dies sind Umstände, die ja leider nach wie vor weltweit immer umfassender zu beobachten sind.

Auf den folgenden Seiten werden wir beide „Seiten" beachten. Um solche Umstände beurteilen zu können, gehen wir also ganz konkret von unseren derzeitigen staatlichen Bedingungen aus. Diese sollen zeigen, in welchem Maße dieser unser „demokratischer" Staat unsere je eigenen Ideen, Meinungen, Handlungen, Möglichkeiten und Bedürfnisse in ihrer öffentlichen Äußerung und/oder Präsenz nicht nur akzeptiert, sondern möglicherweise sogar unterstützt. Da wir uns ja hier weiter mit dem Thema Staat beschäftigen, ist von Beginn an klar, dass es hierbei um das Thema negative Freiheit geht. Diese lag ja auch den klassischen philosophischen Gesellschaftstheorien als die Idee der negativen Freiheit zugrunde. Interessant dabei ist, dass sich die frühen Liberalen wie Locke oder selbst noch J.S. Mill nicht unbedingt auf eine Demokratie als politische Organisationsform der Gesellschaft verpflichtet sahen. Ihnen genügte es, wenn das Prinzip der Freiwilligkeit gewahrt blieb.

---

[120] diese Einschränkung ist auf derzeit konkret existierende Staaten bezogen.

Heute ist allerdings weitgehend anerkannt, dass eine Demokratie Minimalvoraussetzung für Freiwilligkeit ist. Also müssen wir uns anschauen, welche Umstände entscheidend sind, damit das Prinzip der Freiwilligkeit, aber auch das der Gerechtigkeit gewahrt bleibt. Denn es ist vor allem das letztere, das insbesondere in einer Demokratie darüber entscheidet, ob wir darin von Freiheit[121] sprechen können. Schauen wir uns also ganz konkret die Gewährleistung von freiem Sein auf allen wichtigen Gebieten an. Eines der immer umkämpften Themen war schon immer die Meinungsfreiheit. Also dass jederma´u seine Meinung frei äußern darf, ohne dass er/sie beispielsweise durch Zensur von anderen gehindert wird. Ausgenommen sind hier natürlich solche Einschränkungen, die ich schon oben mit Mill in Bezug auf die Rechte anderer Personen ansprach. Dies ist ein Beispiel für negative Freiheit.

Positives Freisein würde in diesem Beispiel bedeuten, dass auch die Kommunikationsmittel und der Zugang zu den Medien zur Verfügung stehen. Also dass jederma´u seine Meinung äußern und verbreiten kann. Oder nach weitergehender Auffassung, dass die jeweilige Meinung auch tatsächlich geäußert werden darf. Es ist hier aber in Bezug auf unsere derzeitige Situation dringend darauf zu verweisen, dass die weitaus meisten Presseunternehmen eben Unternehmen sind, also im Sinne von kapitalistischem Denken agieren. Es ist daher unbedingt festzustellen, dass diese daher speziell kapitalistische Interessen bedienen. Also diese weder direkt infrage stellen oder gar angreifen. Ganz im Gegenteil werden Informationen, die unsere derzeitigen Verhältnisse kritisch beleuchten oder gar widerlegen, entweder verfälscht wiedergegeben, oder gar völlig ignoriert. Ein besonders wichtiger Sachverhalt, der dies be-

---

[121] in diesem Begriff ist vorab jede Form der Freiheit einbegriffen, also Meinungsfreiheit, Reisefreiheit, Freiheit der Berufswahl, usw.

legt, war z.B. die Presse in den USA während des Vietnamkrieges[122]. Vor allem aber die weltweiten Presseberichte über die Entwicklungen in den Entwicklungsländern. Hier wurden und werden die zunächst alleine durch Europa und die USA, dann heute auch China, Indien und die Golfstaaten durchgeführten Verhinderungen wirklicher Demokratisierung gar nicht erwähnt. Dies gilt erst recht für die umfassende Ausbeutung der Arbeitskraft und Naturressourcen und die immer umfassendere Beschädigung der Infrastruktur, des Bildungs- und Gesundheitswesens und der immer häufigere Ausverkauf selbst der Landesflächen. Diese werden, wenn überhaupt, so dargestellt, dass weder die Rolle der sog. Märkte, noch des IWF, der WTO noch der Weltbank, die ja umfassend durch die Wallstreet gesteuert werden[123], zum Vorschein kommt. Noch weniger bekannt ist allerdings auch der Umfang von Bücherverboten in Deutschland, das ja keineswegs nur üble Pornografie oder ähnliches betrifft - siehe der Fall Jan van Helsing -, aber auch andere. Der Umfang dieser Verbote ist Inhalt eines dicken Buches, das aber keineswegs allgemein zugänglich ist, warum wohl? Ist so etwas für Sie eine Bestätigung von Meinungs- und Pressefreiheit?

Der nächste entscheidende Punkt ist das, was ma´u unter persönlichem frei sein versteht. Dabei soll dies ja bedeuten, dass niemand unter Zwang steht. Also in seinen Handlungen weder durch andere noch den Staat eingeschränkt oder bestimmt ist. Damit geht es hier nicht um allgemeine Zustände, sondern um staatlich organisierte und reglementierte. Da negative Freiheit auch als „Abwesenheit von Zwang" definiert ist, ist dies ein weiteres Beispiel für negative Freiheit, die bei uns in erhebli-

---

[122] siehe erneut Noam Chomsky.
[123] siehe hierzu neben Chomsky noch Chossudowski, Stiglitz, Perkins u.a.

chem Umfang erfüllt ist. Allerdings ist diese durch immer umfassendere Kontrolle[124] deutlich bedroht. Allerdings ist hier ebenfalls unbedingt hinzuzufügen, dass die Entwicklungen und bedenklichen Auswirkungen der Verwaltungsakte immer bedrohlicher werden. Diese solchen Akten zugrundeliegenden Vorschriften sind oft so „offen" formuliert, dass persönliche Meinungen und (Vor)-Urteile der handelnden Beamt*innen und staatlichen Angestellt*innen immer häufiger zu Entscheidungen führen, die persönliche Rechte im negativen Sinne tangieren, bzw. einschränken bis beseitigen.

Gerade das Thema „allgemeine Verwaltung", bzw. noch deutlicher Bürokratie ist eines, das dringend auf die Agenda der öffentlichen Diskussionen gehört. Es ist die Entwicklung in fast allen westlichen Staaten, die immer mehr in eine prekäre Situation im Sinne von ausufernder Bürokratie[125] abgleitet. Einer der wichtigsten Gründe dafür dürfte sein, dass die absolute Mehrheit der Abgeordneten in den Parlamenten auf allen Ebenen und in allen Parteien aus dem Bereich der öffentlichen Verwaltungen kommen. Sie bringen damit einen sehr einseitigen Blick auf solche Umstände mit. Verfolgt ma´u kritische Sendungen der beiden öffentlich- rechtlichen deutschen Programme, kann ma´u wöchentlich jede Menge teils geradezu unglaublicher Auswüchse solcher Umstände hören und sehen.

In diesem Zusammenhang wäre souveräne (positive) Freiheit so zu verstehen, dass ich nach freiem Willen handeln und somit über mich selbst Macht ausüben kann. Damit zusammen hängt auch der Begriff der bürgerlichen Freiheit. Damit ist die Teilhabe an gesellschaftlich-politischer Macht-über gemeint. Die

---

[124] siehe NSA, aber auch die eigenen Geheimdienste.
[125] nach der Meinung von Hanna Arendt stellt diese eine Niemandsherrschaft dar.

hier oft zu hörende Aussage, dass hiermit auch die Machtausübung über andere eingeschlossen sei, ist auch dann abzulehnen, wenn sie demokratisch legitimiert und kontrolliert ist. Dass uns dieses Problem nicht im negativen Sinne bewusst ist, hat deutlich mit dem Umstand unserer patriarchalen Denktradition zu tun. In dieser ist ja solche Machtausübung „über" praktisch als immer eingeschlossen mitgedacht. Das wird "von Kindes Beinen an" in den meisten Familien und den öffentlichen Bildungseinrichtungen erfahren, siehe die schon angesprochene Erziehung zum Untertanen. In einer wirklich offenen, demokratischen Gesellschaft dürften gewählte Vertreter keine Macht über andere Menschen ausüben. Sie sollten versuchen im ständigen Dialog mit möglichst vielen Bürger*innen Regeln und Gesetze zu erlassen, die im Interesse aller, vor allem aber der demokratischen Weiterentwicklung des Staates selber liegen.

Das wäre zumindest eine Art von positivem Zustand in Bezug auf eine existierende Demokratie. Wenn es hier, wenn überhaupt, um Machtausübung geht, dann ist das Aufgabe einer permanent durch die Legislative, und in Extremfällen auch die Judikative kontrollierten Exekutive. Und das hat dann nichts mit dem eigentlichen historischen Sinn von persönlicher Machtausübung „über" zu tun, sondern im wohlverstandenen Interesse aller. In der gegenwärtigen Realität haben wir im Gegensatz zu solchen Forderungen schlicht und ergreifend eine Parteiendemokratur. Oder m.a.W. die "da oben" sprich, die Parteien, noch genauer gesagt deren Führungen bis führende Einzelpersonen, üben umfassend die Macht über uns aus. Und in welchem Umfang diese Personen demokratische Verhältnisse mit allen Mitteln zu verhindern suchen, zeigt sowohl die undemokratische Konstruktion der europäischen Institutionen, als auch die schon jetzt existierenden geheimen Schiedsgerichte in Europa[126].

Ein weiterer ganz wichtiger Umstand um freiheitliche Rechte mehr und mehr einzuschränken, ist die Bedrohung durch radikale Kräfte von links und rechts. Diese wird benutzt, um demokratische Rechte manchmal regelrecht außer Kraft zu setzten, oft auch im Eigeninteresse zu missbrauchen. Es gibt dabei Maßnahmen, die durchaus erforderlich sind, um diesen Bedrohungen angemessen zu begegnen. Aber auch solche, die genutzt werden, um die Freiheitsrechte ganz konkret einzuschränken. Dies kann ma´u vor allem in den USA beobachten[127]. Allerdings werden manche dieser Bestimmungen auch bei uns wirksam. Ma´u beachte eine immer umfassendere Datenspeicherung, aber auch die derzeit versuchte Verschärfung der Polizeigesetze, siehe z.B. Bayern. Ma´u kann hier nur hoffen, dass diese Absichten vom BVerfG gestoppt werden.

Wenn ma´u aber davon ausgeht, dass diese Bedrohungen aktuell und damit im Einzelfall vorübergehend sind, könnte ma´u solche Maßnahmen ja auch zeitlich begrenzen. Aber in aller Regel werden neue Verordnungen, Vorschriften oder gar Gesetze, die die Machtmöglichkeiten des Staates, vor allem aber der Verwaltungen den Bürgern gegenüber allgemein erweitern, so gut wie nie wieder zurückgenommen. Das auch dann nicht, wenn der eigentliche Anlass längst verschwunden ist. Sie entwickeln sich sozusagen zu Gewohnheitsrechten und es ist sehr bedenklich, dass weder die Bürger allgemein, noch Abgeordnete und erst recht Minister sich gegen solche Tendenzen richten und sie öffentlich zur Diskussion stellen. Dazu kommt noch, dass ma´u die Öffentlichkeit mit schlichtem Geschwätz

---

[126] auch zu dieser Aussage finden Sie eine Reihe Literatur im Anhang.
[127] siehe den Patriot Act von 2001 und die Ausspähdimensionen der NSA.

versucht zu "beruhigen", indem ma´u ihnen vorgaukelt, diesen Bürokratieüberhang abzubauen. Siehe das seit Jahren immer wieder gegebene Wahlversprechen solches zu tun. Das wurde bis heute nie eingehalten. Es wurde höchstens durch einige Scheinaktivitäten öffentlich "bestätigt".

Damit sind wir bei einem Punkt angelangt, der der eigentliche Dreh- und Angelpunkt aller Beziehungen zwischen Staat und Bürger darstellt, das Thema Gesetze nämlich. Da dieses Thema von geradezu fundamentaler Bedeutung innerhalb jedweden Staatswesens ist, müssen wir uns hiermit - in der gebotenen Kürze - etwas ausführlicher beschäftigen. Was ist ein Gesetz und warum wurden sie „erfunden"? Jede Art und Form von menschlichen Gemeinschaften braucht Regeln und Normen[128]. Das galt im Sinne „privater Übereinkunft" oder Gewohnheiten schon für Stämme und gilt natürlich bis heute im gleichen Sinne für Familien. Als aber die größeren Feudalreiche entstanden, in denen solche Regeln nicht mehr in Formen der privaten Übereinkunft oder Gewohnheit der schieren Größe wegen möglich waren[129], mussten dazu neue Formen von Regeln „erfunden" werden. Historisch gesehen wurde das auch deswegen erforderlich, da

> erstens die früheren Familien und Clans aufgelöst worden waren und die meisten Menschen unterdrückt und ausgebeutet wurden und
> zweitens viele "neue Herren" erst durch Eroberung solche wurden und daher eh andere solcher Regeln kannten.

Darüber hinaus erforderten die neuen Verhältnisse

---

[128] das gilt sogar in breitem Umfang für biologische, wenn es hier auch andere „Regeln" gibt.
[129] und natürlich der Interessen der Herrschenden, siehe das obige Zitat von Thrasymachos.

zwischen Eroberern und Eroberten ganz andere „Regeln". Ein gutes Beispiel dafür ist der sog. Codex Hammurapi.

Wie immer in solchen Fällen, die sich in der Geschichte weiterentwickelten und heute selbst begrifflich und substantiell wissenschaftlich und öffentlich diskutiert werden, gibt es dazu sowohl konkrete, als auch eher abstrakte Bestimmungen. So spricht ma´u einerseits von Gesetz als einer generell-abstrakten Regelung mit Außenwirkung, also einer Rechtsnorm. Das wäre dann jede Maßnahme eines „Trägers öffentlicher Gewalt", die darauf gerichtet ist, in einer unbestimmten Vielzahl von Einzelfällen bestimmte Rechtsfolgen herbeizuführen. Solche „Gesetze" sind in einem förmlichen Verfahren von dem dazu ermächtigten staatlichen Organ[130] zu erlassen. Es sind im eigentlichen Sinn des Wortes Festlegungen von Regeln für das gesellschaftliche Verhalten. In einer freien sprich wirklich demokratischen Gesellschaft gelten hier aber ganz besondere Umstände. In ihr ist der eigentliche Gesetzgeber der Souverän, nämlich das Volk, siehe Art. 20 GG. Dieses wählt „Vertreter" oder Abgeordnete, die in „seinem" Sinne entscheiden sollen. Oder anders formuliert: alle Gesetzgebung müsste eigentlich vom Volke ausgehen, wobei Parteien als Helfer unterstützend wirken sollten.

In diesem Sinne heißt es dazu im Art. 21 des Grundgesetzes ganz klar: „Die Parteien wirken an der Bildung des politischen Willens des Volkes mit". Ich denke jederma´u kann selbst bei relativem Vertrauensvorschuss Parteien gegenüber erkennen, dass diese Formulierung auf die derzeitige Situation in unse-

---

[130] dem Gesetzgeber, also derzeit der Legislative bzw. Parlament, das allerdings in westlichen Demokratien längst durch Parteiendisziplin und Fraktionszwang machtlos wurde. Als Beleg siehe besonders Agnoli.

rem Staat eher ein Witz ist. Die Parteien haben längst die „Meinungsführerschaft" − zurückhaltend ausgedrückt - des politischen Willens übernommen. Dazu kommt noch, dass die jeweiligen Fraktionen in praktisch allen Parlamenten durch die jeweiligen Parteiführungen so gegängelt werden, dass in Wahrheit nur wenige Parteiführer dieses Land beherrschen. Die Folgen sind deutlich erkennbar. Dies gilt z.B. in breitem Umfang in der sog. Klientelpolitik auf Kosten der Allgemeinheit. Und würde hier das BVerfG nicht manchmal bei besonders krassen Fällen korrigierend eingreifen, wäre das oft noch schlimmer.

Diese Entwicklung hat natürlich für das Gemeinwesen allgemein und für den Zustand einer freien Gesellschaft im Besonderen weitreichende Folgen. In einer wirklich demokratischen Gesellschaft gilt als Grundprinzip, dass sowohl die Gesetzgebung als auch deren Handhabung keinerlei Umstände enthalten sollten, die die bürgerlichen Freiheiten einschränken, oder gar bedrohen könnten. Das hat zwei Wirkungsrichtungen:

> erstens sollten Gesetze grundsätzlich im Interesse aller liegen. Also weder Gruppen noch Parteien und schon gar nicht besonders „mächtige" Mitglieder eines Staates bevorzugen. Leider gibt es zunehmend Abweichungen von solchen Grundsätzen. Unsere derzeitigen Parteiengesetze sind hierfür ein besonders gravierendes Beispiel, aber nicht nur diese[131].
> Der zweite Umstand ist noch wichtiger. Der innere Zustand einer Staatsform mit dem Namen Demokratie lässt sich besonders daran erkennen bzw. festmachen, wie die existierenden Gesetze angewendet werden. Der entscheidende Umstand ist die Gleichheit vor dem Gesetz und damit dem Gericht. Diese Gleich-

---

[131] siehe hierzu besonders deutlich v. Arnim.

heit hat prinzipiell für alle Bürger eines Staates zu gelten, egal ob Präsident, Parlamentarier, Superreiche oder der „letzte" Harz-IV-Empfänger.

Dass die derzeitige Regierung Merkel an einer Regelung arbeiten soll, die Geringverdienern, Harz-IV Empfängern und Menschen mit geringem bis gar keinem Privatvermögen die Prozesskostenhilfe kürzen bis streichen sollen, zeigt, wie hier in weiten Bereichen gedacht wird. Dies zeigt sich selbst dann, wenn eine solche Bestimmung nie kommen sollte. Eine Selbstverständlichkeit ist auch, dass es bei besonderen Ämtern vorübergehende Immunität gibt. Dies ist der Unabhängigkeit des Amtes geschuldet. Ich denke jederma´u kennt Umstände aus persönlicher Erfahrung, in jedem Falle aber aus der Berichterstattung der Presse, die all diese Grundsätze immer wieder in Frage stellen. Der böse Satz: „alle sind gleich, aber manche sind gleicher", bringt dies präzise auf den Punkt.

Es ist gar keine Frage, dass es hier gerade im patriarchalen Denken noch so viele „Selbstverständlichkeiten" gibt, die demokratische und damit freiheitliche Grundsätze missachten bis bedrohen, dass es permanenter Aufmerksamkeit der Öffentlichkeit bedarf, um solche Tendenzen im Zaum zu halten. Hierher gehört noch kurz ein anderes Problem, nämlich das der Sicherheit, bzw. öffentlichen Ordnung. Ein gewisses Maß an Sicherheit ist ja ganz offensichtlich eine Bedingung der negativen Freiheit, und zwar insofern sie den Einzelnen vor Zwang oder gar Gewalt welcher Art auch immer bewahrt. Eine stabile öffentliche Ordnung ist selbstverständlich auch der positiven Freiheit dienlich. Die dafür notwendigen Maßnahmen können aber wiederum eine empfindliche Einschränkung der Freiheit, wie z.B. Überwachung und Zensur zur Folge haben.

Damit sind wir beim letzten, aber ebenfalls grundlegenden Thema angekommen, das ich hier ansprechen wollte, das Thema Bildung und Erziehung nämlich. Aber natürlich kann ich auch das Thema Erziehung und Bildung nur in wenigen fundamentalen Beziehungen ansprechen, allerdings kann er in meinem Buch „Unsere Schulen, machen aus uns Untertanen und verhindert selbständiges Denken" nachgelesen und vertieft werden. Ich werde mich daher hier so knapp wie möglich, aber auch so ausführlich wie nötig zu diesen Themen äußern. In allen patriarchalen Gesellschaften wird die Kindererziehung als Erziehung zum Gehorsam praktiziert. Dieser Umstand führt notgedrungen - in der Regel - zu einer psychisch pathogenen Persönlichkeit.

Die damit zusammenhängenden Probleme sind aber so allgemein, dass sie kaum bemerkt werden. M.a.W., sie sind eben Bestandteile sowohl der Verhaltensweisen fast aller Menschen, als auch in Normen solcher Gesellschaften erkennbar. Alle wichtigen Analytiker, von Freud bis Arno Grün, um nur zwei von vielen zu nennen, haben dazu ausreichende Belege in ihren diesbezüglichen Veröffentlichungen ausgeführt und durch ausreichende Beispiele belegt. Besonders hässliche solcher Ausdrucksformen konnte ma´u während aller neueren Diktaturen weltweit beobachten. Aber auch in jüngsten Vorfällen in China und Indien und vielen anderen, noch stärker von patriarchalem Denken betroffenen Ländern. Gehorsamserziehung führt aber grundsätzlich zu Untertanentum und daher zu angepasstem Denken und von daher begründeten Verhalten[132].

Ein weiteres ganz großes Problem, das aus diesem Denken entsteht, ist die Art und Weise, wie immer noch die öffentliche Schul- und Hochschulausbildung organisiert wird. Jean Piaget hat zu Beginn des letzten Jahrhunderts durch seine Forschungen nachgewiesen, dass eine Schulbildung der Art, wie sie nach

---

[132] siehe erneut Jean Piaget, aber als neuestes, besonders bezeichnendes Beispiel die Entwicklung in China.

wie vor mit der alleinigen „Ausbildung" des Erinnerns und der umfassenden und alleinigen Anwendung der Logik in diesem Bildungssystem, nur zur Anpassung und erneut zu Untertanentum führen kann. Ja nach Überzeugung mancher Psycholog*innen und Psychiater*innen, führt dies sogar zu einer gewissen "geistigen Verstümmelung". Ma´u beachte hierzu insbesondere die daher kommende Unterentwicklung unserer rechten Gehirnhälfte. Obwohl diese Umstände seit längerem bekannt sind[133] und seit annähernd einem Jahrhundert auch wissenschaftlich belegt sind, hat sich praktisch wenig bis gar nichts getan, um diesem Skandal abzuhelfen. Ich nenne diesen Umstand deshalb einen Skandal, da es gerade in demokratischen Gesellschaften selbständigen Denkens bedürfte, um sowohl gesellschaftliche Autoritäten, als auch deren Politik kritisch hinterfragen zu können, bzw. diese dann auch konkret zu kritisieren, vielleicht sogar im Interesse Aller zu verändern.

Es ist völlig offensichtlich, dass aus genau diesem Zusammenhang heraus[134], genau solche Reformen nicht angegangen, bzw. diese verhindert werden. Dass gerade eine solche Unfähigkeit zu kritischem Denken in den modernen Demokratien allenthalben umfassend fehlt, ist deutlich am Stand der öffentlichen Diskussion zu erkennen. Vor allem aber auch an der Unfähigkeit so vieler Bürger*innen[135], sich kritisch zu diesen Umständen verhalten zu können. In welchem Maße hier immer noch stärker in diese Richtung gehandelt wird, zeigt die sog. Bologna-Reform, in der ja diese Verschulung auch für den Eingangsbereich des Studiums umgesetzt wurde. Dies ist ein Bereich, wo so etwas nun wirklich nichts mehr zu suchen hätte.

---

[133] ma´u beachte hierzu bereits die Einlassungen W. v. Humboldts u.a. zu diesem Thema.
[134] also das weitere Verhindern einer Schulorganisation, die selbständiges Denken hervorbringen könnte.
[135] siehe das Thema „die schweigende Mehrheit".

Ich will dazu hier ein Zitat einfügen, das zeigt, woher hier "der Wind weht": "Um zu verhüten, dass sich außer dem unseren andere geistige Kraftmittelpunkte bilden, werden wir die erste Stufe der Sammlung (**von Wissenschaft und Bildung**), die Hochschulen beschneiden, indem wir ihnen (**den außerhalb unserer Kreise stehenden Menschen**) neue Richtlinien vorschreiben"[136], siehe die Folgen, das völlig sinnlose Bulimielernen. Dass es den Kräften, die hier, woher auch immer, wirken, gelingt, zum großen Schaden der Menschen solche "Reformen" umzusetzen, zeigt, wie sehr ein selbständiges Denken von diesen Kreisen gefürchtet wird. Wir bekämen nämlich in jedem Falle eine andere Gesellschaft.

---

[136] "Die zionistischen Protokolle" S.48. Dieses Zitat - neben vielen weiteren, die ma´u anfügen könnte – belegt erneut die Gründe, warum ich mich hier auf ein so dubioses Machwerk beziehe.

VII. Kapitel, Kampf um die Freiheit

Die Überschrift dieses Kapitels mag erstaunlich klingen, wurde doch um die Freiheit schon lange gekämpft. Aber die Inhalte der bis hierher vorgetragenen Umstände dürften verdeutlicht haben, wie viel Kampf um freies Sein immer noch und in jüngster Zeit zunehmend vonnöten ist. Vor allem aber in welcher Art und Weise dies jede Person ganz persönlich betrifft. Um aber ein breites Fundament für das Folgende zu haben, will ich Ihnen nochmals deutlich vermitteln, was ich unter frei sein verstehe. Insbesondere welche Einschränkungen zumindest einer überzogenen positiven Freiheit gegenüber erforderlich sind. Es ist hier nochmals zwischen der Freiheit im Sinne des Handelns, vor allem aber des Denkens mit Hilfe der Vernunft zu unterscheiden. Aber noch davor liegt der Umstand, dass schon jede Art von Lebensführung sowohl auf freiheitlichen Entscheidungen in dem Sinne beruht, welche Folgen sich daraus "für mich" ergeben und wie ich damit umgehen soll. Aber auch in welchem Maße ich durch die Vorgaben meiner Ontogenese mitbestimmt bin. Also ganz konkret: wie ich mich zu meinem Leben stelle, wie ich mit mir und meiner Umgebung umgehe, ob ich zugänglich oder verschlossen bin, usw.

Alle diese Umstände sollten eigentlich meinen freien Entscheidungen entspringen - in der Regel eher selten -. Derzeit geschieht dies meist immer noch aus familiären bis gesellschaftlichen Vorgaben - der Normalzustand. M.a.W., es ist nochmals dringend darauf zu verweisen, dass wir in einer patriarchalen und daher von Machthierarchien geprägten Gesellschaft leben. Diese versucht selbständiges Denken und daher kommendes selbstbestimmtes Handeln so umfassend wie möglich zu unterbinden. Ich erinnere nochmals an die Folgen der immer noch üblichen Gehorsamserziehung. Vor allem aber an den Umstand, dass das gesamte Bildungssystem zuerst den Auftrag hat Untertanen zu erziehen. Daher muss freiheitliches Denken und von daher bestimmtes, durch meinen freien Willen entschiedenes, d.h. selbstbestimmtes Handeln immer von jedem einzelnen Menschen neu erkämpft werden. Ob uns das gefällt oder nicht, ja ob wir das wahr-nehmen oder nicht. Der schon erwähnte Peter Bieri hat diesen Umstand in seinem Buch "Das Handwerk der Freiheit" sehr deutlich beschrieben. Danach entwickeln wir in jeder Familie, in der wir heranwachsen, zunächst ein Bewusstsein, das voll und ganz "aus lauter Elementen" besteht, "die wir einfach aufgeschnappt und an die wir uns durch pure Wiederholung gewöhnt haben". Dieser Vorgang wird dann besonders bestimmend für uns, wenn wir uns mit einem der beiden Eltern[137] identifizieren. Nicht selten entsteht daraus eine besondere Form von Hörigkeit.

Bieri beschreibt dies deutlich wie folgt: "Ihr Bewusstsein bleibt intakt, aber Sie sind durch den anderen derart gebannt, dass Sie stets wollen und tun, was er will, das Sie wollen und tun. Es ist eine Hypnose bei vollem Bewusstsein"[138]. Noch deutlichere Beschreibungen zur Charakteristik dieses Umstandes und daher kommenden Zustandes kenne ich nicht. Werden solche Sachverhalte dann auch noch durch Ideologien, wie z.B. Parteiprogramme - siehe Nationalsozialismus oder Kommunismus - oder Konsumzwang vorgegeben, werden diese Menschen zu "gedanklichen Mitläufern", deren "freier Wille" (??) gesteuert wird. M.a.W., solange wir in patriarchal machtgeprägten Gesellschaften leben, müssen wir uns immer aufs Neue unsere

---

[137] **manch**mal auch andere Erziehungspersonen, wie z.B. einem der Großeltern.
[138] a.a.O. S.92ff

ganz persönliche Freiheit vor allem und gerade im Sinne selbstentschiedener Willensakte erkämpfen.

Ein weiterer besonders wichtiger Zusammenhang ist hier dringend zu beachten. Nämlich wie ich mich zu den Folgen meiner Handlungen und Verhaltensweisen im Sinne eines "dazu Stehens" verhalte. M.a.W., bin ich bereit die Verantwortung für mein Handeln zu übernehmen. Bekanntlich haben sich alle angeklagten Nazis als unschuldig dargestellt, weil sie

> erstens behaupteten, immer nur Befehle ausgeführt zu haben. Die letztendliche Verantwortung hatte zweitens daher immer nur der "Führer".

Das hängt natürlich, neben den eben benannten Zusammenhängen, besonders auch mit der je eigenen gelebten Weltsichtebene zusammen. Rot und die meisten Orange denkenden Menschen haben immer Recht. Wenn ihnen aber etwas nicht passt oder gar schief läuft, sind immer andere daran schuld. Hier geht es unter ganz bestimmten Voraussetzungen erneut um die Frage der persönlichen Verantwortung. Also wie gehe ich mit den Folgen meiner mehr oder weniger freien Entscheidungen um. In diesem Zusammenhang steckt auch die Frage, wie ich prinzipiell andere Menschen sehe. Sind alle Menschen für mich gleichberechtigte Wesen aus dem schöpferischen Urgrund, wenn Sie wollen Gott. Diese sind also prinzipiell gleichberechtigt. Oder glaube ich an gesellschaftliche oder gar rassische Überlegenheit und mache Entscheidungen im Umgang mit anderen Menschen davon abhängig.

Es geht hier um die Frage meiner Toleranz. Ist diese auf bestimmte menschliche Gruppierungen beschränkt oder gar überhaupt nicht existent? Oder gilt sie für mich im Sinne der allgemeinen Menschenrechte generell? In diesem Zusammenhang ist es übrigens ganz wichtig zu beachten, dass es nach neuesten genwissenschaftlichen Erkenntnissen keinen Grund mehr gibt, überhaupt von Rassen zu sprechen. Alle Menschen sind biologisch-genetisch absolut gleich. Die früher häufig, und von rückwärtsgewandten Menschen immer noch oft behauptete Überlegenheit z.B. der weißen Rasse, existiert nicht. Aus all diesen Überlegungen folgt, dass frei sein sowohl des Denkens als auch des daher kommenden Handelns im umfassenden Sinne des Wortes, prinzipiell allen Menschen dieser Welt zusteht. Freies Sein ist danach ganz einfach das, was von dieser Voraussetzung her kommend zu leben möglich ist. Besser, durch die darauf gründenden gesetzlichen und gesellschaftlichen Bedingungen garantiert wird.

Aber um es nochmals deutlich hervorzuheben; natürlich entstand das Frei sein des vernunftmäßigen Denkens und daher kommenden Handelns als diese Möglichkeit erst mit der Heraufkunft des rationalen Denkens. Vor allem aber mit der Einsicht in das, was wir heute ein freies unabhängiges, aber auch selbstverantwortliches Individuum nennen. Das meint insbesondere die damit verbundene Erkenntnis einer freien und selbstbestimmten Handlungsmöglichkeit eines jeden einzelnen Menschen. Aber eben auch das Verständnis und die von daher begründete Annahme der damit verbundenen Verantwortung eines jeden Menschen. Oder anders formuliert; sobald ich unabhängig und selbständig denken kann, kann ich auch in diesem Sinne handeln. Da eine so motivierte Handlung aber voll und ganz durch meine vernünftig erdachte Absicht erfolgt, trage ich dafür auch die Verantwortung. Denn es hat mich niemand zu dieser Handlung gezwungen.

Aber wenn ich mich dabei auf andere verlasse, oder deren Hilfe in Anspruch nehme, ohne ihnen zu erklären, um was es hier geht, müsste ich auch für diese die Verantwortung übernehmen. Das setzt aber voraus, dass ich mir über diese Zusammenhänge bewusst bin. Es gibt aber noch einen anderen Aspekt dieser neuen Fähigkeiten. Diese grundsätzlich neue Möglichkeit beinhaltet auch den Umstand mit Hilfe von Handlungen im Sinne von Irrtum und/oder Erfolg, völlig neue Zustände und/oder Erkenntnisse zu gewinnen und zu erzeugen. Der Siegeszug von Wissenschaft und Technik ist so entstanden. Allerdings wären auch gerade dazu eine ganze Menge kritischer Anmerkungen erforderlich, die hier leider nicht möglich sind. Angewandt auf gesellschaftliche Umstände ist dies aber natürlich viel problematischer, da hier erstens viel mehr Menschen direkt in ihrem Denken und Handeln betroffen sind. Vor allem aber noch sehr viele gar nicht auf der Ebene Orange denken können und daher Neuerungen grundsätzlich skeptisch bis feindlich gegenüberstehen. Das zeigen sowohl die Diskussionen, ja alle Kämpfe um die Freiheit bis heute.

Das ist aber nur die eine Seite des Problems. Die andere Seite beschreibt das Mill-Limit. Dieses nennt die Umstände, wonach der Freiheitsgebrauch dort zu limitieren ist, wo eine Schädigung Dritter erfolgt. Das gilt natürlich umfassend für Personen, die noch auf früheren Weltsichtebenen denken. Solange aber diese Kenntnisse nicht bekannt sind, werden solche Menschen immer wieder ohne Kenntnis der wirklichen Zusammenhänge für alle möglichen Handlungen missbraucht. Dabei schiebt ma´u ihnen dann je nach Umstand auch noch die Verantwortung für deren Folgen zu. Hier stellt sich dann aber sofort die weitere, keineswegs nur theoretische Frage, wie diese Grenze zu bestimmen ist. Nebenbei bemerkt gilt dieses Mill-Limit besonders in angloamerikanischen Ländern bis heute als Grundlage des Liberalismus, zumindest wird das behauptet.

Betrachtet ma´u sich nun diesen Umstand genauer, also fragt ma´u: was ist eigentlich eine Schädigung und vor allem, ab wann fühlt sich jemand geschädigt, zeigt es sich sehr schnell, dass nicht jede Schädigung ausreicht, um eine Freiheitsbeschränkung zu rechtfertigen. Die Schädigung muss wiederum drei Kriterien erfüllen, um eine Einschränkung des zugrunde-liegenden Freiheitsgebrauchs zu rechtfertigen.

Erstens muss die Schädigung über eine gewisse Lästig-keitsgrenze hinausgehen, zweitens darf es für die Schädigung keine überwie-genden rechtfertigenden Gründe geben und drittens muss die Schädigung auch mit einer die konkrete Ein-schränkung rechtfertigenden ausreichenden Wahr-scheinlichkeit eintreten.

Denn würde bereits jede Lästigkeit als Schädigung ausreichen, wären selbst einfache Freiheitsbetätigungen nicht mehr mög-lich. Dies deshalb, weil sich quasi an jedem Verhalten jemand anderes stören kann. Z.B. selbst am leise gesprochenen höfli-chen, aber vernehmbaren Wort. An einem Spaziergang auf freiem Feld. Oder daran, eine bestimmte Kleidung öffentlich sichtbar zu tragen. Eine Schädigung kann in diesem Sinne da-her nur dort angenommen werden, wo ein anderer Mensch in einer erheblichen Weise in seinem eigenen Freiheitsgebrauch gestört oder gar behindert wird.

Zudem ist der Nutzen, den ein konkreter Freiheitsgebrauch verspricht, bei der Frage, ob ein hiergegen gerichteter Ein-schränkungsanspruch gerechtfertigt ist, angemessen zu be-rücksichtigen bzw. abzuwägen. So kann es als angemessener, nicht einzuschränkender Freiheitsgebrauch angesehen wer-den, etwa einen Flughafen mit Lärmemissionen zu betreiben. Und dies, obwohl eine gleich große und gleich regelmäßige Lärmemission an selber Stelle für private Feste unzulässig wäre. Der Unterschied besteht darin, dass ein Flughafenbe-trieb zwar die Freiheit Dritter vor störendem Lärm genauso be-einträchtigt wie ständige private Großfeste. Der öffentliche Nutzen des Flughafenbetriebs aber so hoch eingeschätzt wer-den kann, dass auch ein erhöhtes Maß an Störung keine Frei-heitseinschränkung in Form eines Flugverbots rechtfertigt.

Schließlich erfordert eine Freiheitseinschränkung, dass die befürchtete Schädigung mit einer hinreichenden Wahrscheinlichkeit eintritt. Grundsätzlich ergibt sich aus der Chaostheorie, dass jedes menschliche Verhalten auch eine unüberschaubare Kausalkette in Bewegung setzen kann. Denn diese vermag ihrerseits ebenso unerwünschte Freiheitsbeschränkungen Dritter auszulösen. Damit eine Einschränkung der Freiheit gerechtfertigt ist, muss die Freiheitseinschränkung beim Dritten nicht als sicheres Ereignis gelten. Wohl aber so wahrscheinlich sein, dass schon die Möglichkeit dieses Eintritts nicht zu rechtfertigen ist. Ob ein Verhalten zu beschränken ist, hängt somit insbesondere auch von der Wahrscheinlichkeit ab, mit der ein Verhalten genau diese Schädigung auslösen könnte.

Ohne die genannten drei Ergänzungen zum Mill-Limit, wäre freies menschliches Verhalten theoretisch nie zulässig. Umgekehrt sind alle drei Ergänzungen von normativen Vorgaben, sprich gesetzlichen Bestimmungen abhängig. Welche Verletzungen als erheblich angesehen werden, wird in verschiedenen Zeiten von verschiedenen Gesellschaften immer unterschiedlich beantwortet. Dies gilt sowohl für einen Nutzen, als auch einen potenzielle Nutzen, der als Rechtfertigung ausreichen soll. Dies gilt aber auch, wie viel Risiko akzeptabel ist. Aber auch umgekehrt, ab welcher Realisierungswahrscheinlichkeit ein schadensgeneigtes Verhalten gerade nicht mehr hingenommen werden soll.

Faktoren hierbei sind zum Beispiel die allgemeine Risikobereitschaft einer Gesellschaft[139]. Oder die subjektiv-emotionale Ein-

---

[139] ma´u beachte in diesem Zusammenhang die Einführung freiheitsbeschränkender Gesetze und Verordnungen in Bezug auf die Bedrohung durch den Terrorismus, oder das Thema Angst.

schätzung bestimmter Risiken. Die Gewöhnung an gewisse Gefährdungssituationen[140] und die normative Beurteilung bestimmter zu schützender Umstände bzw. des konkreten zu rechtfertigenden Nutzens.

Die normativen Setzungen für die Rechtfertigung von Freiheitseinschränkungen können somit nicht abstrakt-absolut definiert werden. Sie müssen jeweils konkret im Einzelfall bestimmt werden. Diese Bestimmung unterliegt in Demokratien wiederum bestimmten Verfahren. Das theoretische Problem der Bestimmung von Freiheitsgrenzen durch demokratische Verfahren besteht darin, dass individuelle Freiheit nach dem Mill-Limit gerade aus sich heraus schützenswert ist. Damit also nicht abhängig von einer Gewährung durch eine demokratische Mehrheit sein sollte. Die Begründungspflicht verbleibt somit auch bei demokratischer Legitimation bei denjenigen, die einen umfassenderen Freiheitsgebrauch einschränken wollen. Diese Sichtweise hat sich in der Verfassungswirklichkeit der westlichen Demokratien weitgehend durchgesetzt. Sie hat dazu geführt, dass auch Entscheidungen von Mehrheiten einer an den Freiheitsrechten anderer ausgerichteten (Verfassungs) Gerichtsbarkeit unterworfen sind.

Projiziert ma´u nun aber diese sehr wichtige, aber doch sehr abstrakte Argumentation auf unsere derzeitige Realität, zeigt es sich sehr schnell, in welchem Ausmaß Freiheitsrechte angezweifelt, ständig eingeschränkt, ja teilweise in ihren Fundamenten ausgehöhlt werden. Diese Ihnen möglicherweise fast abenteuerlich erscheinende Behauptung wollen wir uns jetzt etwas näher anschauen. Einer derjenigen Umstände, die vor allem ängstlichere Menschen sich der Freiheit gegenüber zumindest skeptisch, oft aber auch ablehnend verhalten lassen,

---

[140] ein sehr wichtiges Thema wäre hier z.B. eine kritischere Abwägung als bisher der Folgen des KFZ-Verkehrs.

ist der der Sicherheit, sowohl emotional, als auch materiell. Was meint das konkret? Schauen wir zunächst auf das Thema „emotionale Sicherheit". Hier ist natürlich das Denken und Empfinden der Menschen gemeint. In Anbetracht des Themas Weltsichtebenen, ist schnell zu erkennen, dass die Ebenen Purpur, Rot und Blau in ihren Empfindungen und Glaubensgrundsätzen weitgehend von äußeren, insbesondere vorgelebten oder geglaubten Umständen abhängig sind.

Diese sind damit aber auch in umfassender Weise „vor-gegeben", also für sie dauerhaft existent und zumindest von ihrer Seite oder Aktivität her unveränderlich. Daher entstammt auch ihre grundsätzliche Angst, zumindest Vorbehalt, gegenüber jeder Art und/oder Form von Veränderung. Diese Grundhaltung konnte ma´u in der Vergangenheit, aber auch bis heute als Konservativismus erkennen und daran festmachen. Werden diese Grundgehalte noch durch gezielte Aktionen in Richtung Anstachelung oder Verschärfung von Ängsten weiter angeregt, bilden sie dann oft ein unüberwindliches Hindernis. Ja sogar massive Ablehnung und daher kommende Abwehr von Initiativen freiheitlicher Absichten. Denn solche werden für diese Menschen immer als Bedrohung ihrer Sicherheit erlebt. Und es ist daher keineswegs erstaunlich, dass beginnend bei den Nazis, jede Art und Form von Propaganda, wie sie inzwischen in umfassender Weise in den USA, aber zunehmend auch bei uns, genau in diesem Sinne als „erwünschte" Beeinflussung[141] eingesetzt und genutzt wird. Denn diese wirkt genau in diesem beabsichtigten Sinne.

Die schon oben angesprochene, in den USA fast schon absurde Angst so vieler Menschen hat hier ihre Wurzeln[142]. Diese

---

[141] z.B. als Werbung oder Durchsetzen restriktiver Gesetze.
[142] siehe hierzu als Beleg besonders deutlich das Buch „The stupid white men" von Michel Moore.

wurde und wird immer erneut sowohl von Gegnern der Freiheit, aber auch aus wirtschaftlichen Interessen äußerst erfolgreich genutzt[143]. Dass ma´u solche Ängste auch - höchstwahrscheinlich - mit voller Absicht herbeiführt, um die Freiheitsrechte einzuschränken, zeigt der Fall 9/11. Dessen umfassende Unklarheiten der Begleiterscheinungen verweisen eindeutig in eine solche Richtung. Die Rolle, die die inzwischen ja allgegenwärtigen öffentlichen Medien spielen, kann dabei gar nicht hoch genug angesetzt werden. Es ist daher auch nicht im Mindesten erstaunlich, dass in dem angeblich demokratischsten und freiesten Land der Welt solch massive Einschränkungen demokratischer und allgemeiner Freiheitsrechte gesetzlich durchgesetzt werden konnten. Und das, ohne dass sich dagegen nennenswerter Widerspruch erhob. Ja sogar Folter wurde und wird nicht wirklich abgelehnt. Dies zeigte zuletzt der gescheiterte Versuch des Präsidenten Obama das Spezialgefängnis Guantanamo aufzulösen. In zwar etwas kleinerem Umfang, aber durchaus auch in gleicher Absicht und Richtung unternommen, können wir das auch bei uns beobachten. Siehe das Thema Kameraüberwachung und Datenspeicherung.

Damit wollen wir uns der Seite der materiellen Sicherheit zuwenden. Es ist vor allem und gerade diese, deren Rückgang inzwischen immer bedrohlichere Ausmaße annimmt. Wie kann ma´u diese Aussage begründen? Der erste entscheidende Grund hängt mit folgenden Umständen zusammen.

> Wir haben ein Wirtschafts- und Währungssystem mit einem Rückhaltungsrecht für Geld.
> Darüber hinaus aber auch mit einem exponentiellen Zinssystem.

---

[143] z.B. D. Graeber "Schulden", oder M. Brocker "Arbeit und Eigentum", aber auch andere, wie Locke, Kant, Polanyi, Castel oder Bourdieu.

Dieses ist daher dauerhaft krisenanfällig und wird in absehbarer Zukunft kollabieren.

Dieses System führt weiter dazu, jeden gesellschaftlichen Gewinn von „unten" nach „oben" zu „verteilen"[144].

Dies wird umfassend verschleiert und verschwiegen.

Ma´u beachte hierzu auch die absolut unglaubliche und skandalöse Geldvermehrung durch die FED und EZB der letzten Jahre, die ja ohne Bezug auf reale Gegenwerte erfolgte.

Dies zeigt sich auch in den sich ca. alle 7 Jahre periodisch einstellenden Wirtschaftskrisen.

Dazu auch die mehrfachen Inflationen[145] oder den umfassenden Geldentwertungen in den Zeiten des Kapitalismus.

All das verunsichert die Menschen massiv. Zu diesem Umstand kommt aber seit ca. Ende der 80er Jahre des letzten Jahrhunderts die Dominanz[146] des sog. Neoliberalismus. Dieses Wirtschaftssystem setzt die Interessen der Großkonzerne und der Geldelite rücksichtslos gegen alle Wünsche, Bedürfnisse und Überlebensvoraussetzungen aller existenten Bedingungen sowohl der Natur, aber auch der menschlichen Gemeinschaften durch. Mit rücksichtslos ist dieser Umstand fast noch geschönt umschrieben. In manchen Verhältnissen würden der Begriff gnadenlos eher zutreffen. Diese Umstände konnte ma´u schon in der zweiten Hälfte des letzten Jahrhunderts in den Entwicklungsländern erkennen. Wenn ma´u es denn wahrnehmen, oder gar beachten wollte. Ma´u muss aber hinzufügen, dass uns

---

[144] bei jedem Kauf von was auch immer, zahlen wir laut Statistik, 40% Zinsen für die Kredite der Unternehmen.
[145] bei uns in Deutschland im letzten Jahrhundert 2
[146] alternativlos, um das hierfür unsinnigste Wort von Frau Merkel zu zitieren, das sie je gebrauchte.

über diese Umstände die Presse mäßig über unrichtig bis regelrecht falsch unterrichtete. Da diese Umstände jetzt aber längst auch in Europa[147] angekommen sind[148], können wir

> erstens nicht mehr weiter so tun als gäbe es sie nicht, vor allem aber müssen wir uns jetzt diesen Umständen gegenüber auch anfangen zu „verhalten.

Dies vor allem dann, wenn wir nicht in Zustände zurückfallen wollen, die schlimmer als im Absolutismus wären. Dieser Umstand führt zu immer weiterer Ausbeutung und Zerstörung der Natur, die umfassende Verarmung immer weiterer Teile der Bevölkerung auch in den sog. entwickelten Ländern und zu einem geradezu absurden Reichtum in den Händen weniger. Aber Reichtum, insbesondere in diesen Dimensionen, bedeutet auch und gerade Macht-über. Daher können wir verstehen, warum erstens die Politik diesen Entwicklungen gegenüber entweder hilflos, häufiger wohl eher korrupt ist. Vor allem aber die Rechte der Freiheit nicht nur immer weiter zurückgedrängt werden, sondern von diesen Gruppen systematisch missachtet, missbraucht und damit ausgehöhlt werden.

Um zu verstehen was, vor allem warum diese Entwicklung so abläuft, müssen wir uns einige Umstände bewusst machen, die mit den gängigen[149] ökonomischen Theorien zusammenhängen. Ein wesentlicher Baustein dieser Theorien reicht zurück bis auf Adam Smith. Sein System der sog. "natürlichen" Freiheit

---

[147] übrigens auch den USA, die das aber erneut wenig aufzuregen scheint, da das, was hier abläuft, ja genau der dort herrschenden absoluten Ideologie des american way of life entspricht.

[148] siehe die Agenda 2010, vor allem aber die Zustände in den südlichen Staaten der EU, also Griechenland, Italien usw.

[149] also denjenigen, nach denen wirtschaftliche, vor allem aber politische Entscheidungen getroffen werden.

für Menschen und besonders Marktteilnehmer gelten als geistige Grundlage der freien Marktwirtschaft. Aber natürlich auch einer freien Gesellschaft. Nach ihm setzt die Freiheit als Ordnungsprinzip gerade keinen Altruismus, der zu bedienenden Menschen voraus. Der Bäcker soll seine Brötchen nicht aus Altruismus zur Verfügung stellen, sondern aus egoistischem Gewinnstreben heraus. Dieses Gewinnstreben soll nun dazu führen, dass sich der Bäcker darum bemüht, sich optimal auf die an ihn herangetragenen Bedürfnisse seiner potenziellen Kunden einzustellen, bzw. sich diesen anzupassen. Das tut er danach deshalb, weil ihn sein "Konkurrent" dazu zwingt.

Diese so gedachte Freiheit soll jetzt als gesellschaftliches Ordnungsprinzip ein gutes Verhalten unabhängig von der moralischen Integrität der beteiligten Personen befördern. Auf Dauer sollen so positive Verhaltensweisen verstetigt und die allgemeine Moral befördert werden. Können Sie sich erinnern, woher solche Gedanken kommen? Es waren die Überzeugungen aus der Zeit, als ma´u das „gewöhnliche Leben" besonders hoch schätzte und davon überzeugt war, dass das „Ganze" ja Gottes Wille entsprach. Damit aber alles im Sinne des Guten verlaufen würde. Nicht umsonst war Smith ja Zeitgenosse dieses Denkens und von seiner Ausbildung her Moralphilosoph[150]. Nun hätte ma´u erwarten oder zumindest hoffen können, dass gegenüber dieser völlig haltlosen Doktrin[151] nach den Erfahrungen des Manchester Kapitalismus und der in diesem Zu-

---

[150] ma´u kann übrigens durchaus davon ausgehen, dass Smith das Buch des Persers at-Tusi kannte, das dieser um 1200 veröffentlichte. Dieses beschreibt „freie Märkte", die es damals im Islam durchaus gab, aber eben mit anderer Zielsetzung, siehe erneut Graeber.

[151] zumindest in Bezug auf die Schlussfolgerungen in einer patriarchalen, rational denkenden Gesellschaft.

162

sammenhang zutreffenden Kritik von Marx zumindest umfassende Skepsis dieser Doktrin hätte aufkommen müssen. Aber weit gefehlt.

Erstens betraf es ja jetzt die Privilegien der neuen herrschenden Klasse, der nach der englischen und dann französischen Revolution „befreiten" Bürgerschaft. Keine herrschende Klasse hat je von sich her freiwillig auf ihre Privilegien verzichtet. Darüber hinaus vertraten nicht wenige sog. Liberale die Meinung, dass es die jeweilige Freiheit[152] des Einzelnen war, sich anzupassen, bzw. seine Möglichkeiten zu nutzen und eben mit allen zur Verfügung stehenden Mitteln reich zu werden. Drittens aber entstand gegen Ende des 19. Jh. im Nachgang zu Darwin über Hebert Spencer vermittelt der sog. Sozialdarwinismus. Dieser behauptete nicht mehr und nicht weniger, dass die reichen und/oder herrschenden Klassen die „fittesten"[153] seien. Damit hätten sie

> erstens das Recht auch der Natur auf ihrer Seite und zweitens daher die Unterdrückten und Ausgebeuteten eh ein aussterbender Bestandteil der menschlichen Rasse seien.

Da diese Sichtweise die genaue Umkehrung der Marx´schen Kritik an den damaligen Umständen darstellt[154], kann ma´u wohl davon ausgehen, dass solche Gedanken auch eine Reaktion auf Marx im Interesse der reicheren Schichten des Bürgertums beinhalten. Liest ma´u aber die Bücher von Milton Friedman und F.J. Hayek, oder gar Murray Rothbard zum Thema Freiheit, kann ma´u in einem geradezu erstaunlichen Maße An-

---

[152] hier insbesondere im Sinne der positiven Freiheit gedacht.
[153] im Sinne des survival oft he fittest, ein Begriff der übrigens gar nicht von Darwin stammt, sondern eben von Herbert Spencer.
[154] die Klasse der Proletarier sei die zukünftige herrschende Klasse.

klänge an eben diese hier vorgetragenen Sichtweisen wieder-erkennen.

Oder etwas anders formuliert: es ist genau die oben angespro-chene Gefahr eines zu zügellosen Verhaltens im Sinne der po-sitiven Freiheit, hier der Freiheit der Mächtigen, die solche Ide-ologien hervorbringt. Diese stellt damit eine höchst ernsthafte Bedrohung des freien Seins aller Menschen dar. Und es ist ebenso offensichtlich, dass es dringend erforderlich ist, endlich diese Zusammenhänge wahrzunehmen und darauf zu reagie-ren. Und dies gilt meiner Überzeugung nach für jeden einzel-nen Menschen, weil uns sonst zunehmend das frei sein abhan-denkommt. Ich erinnere in diesem Zusammenhang auch noch-mals an den Hinweis von Niklas Luhmann. Dieser weist sehr zu Recht mit Bezug auf die freie Marktwirtschaft auf einen Zusam-menhang zwischen Freiheit und Wahrnehmung hin: Freiheit könne auch verstanden werden „als Unerkennbarkeit der Ur-sache von Freiheitseinschränkungen".

M.a.W., alle öffentlich relevanten Kräfte in unseren Gesell-schaften betonen immer und immer wieder die „Freiheiten" des Marktes. Dies deshalb um bewusst oder unbewusst die wirklichen, in Bezug auf die darin immer eingeschränkteren Freiheitsverhältnisse in ihrem Interesse zu missbrauchen. Und zwar in dem Sinne, dass dadurch ein zutreffendes Verständnis von Freiheit für die Menschen immer unklarer oder ganz un-kenntlich wird. Dies gilt aber gerade für alle Menschen in die-sem System. Ich erinnere nochmals nachdrücklich an das obige Zitat von Isaiah Berlin. Aber noch etwas ist hier wichtig. Der sog. "freie Markt" gilt ja auch als Arbeitsmarkt für uns Men-schen. M.a.W., seither sind Menschen zu einer Ware gewor-den. Die Folgen gelten hier vor allem in dem Sinne, dass sie selbstverständlich zur Profitmaximierung ausgebeutet werden können. Dass dies immer mehr zur Zerstörung jeder menschlichen Gemeinschaft führen muss[155], wird immer offensichtlicher. Es wird aber mit allen Mittel der Propaganda "unter den Teppich gekehrt".

Nun ist es ja bekannt, dass für uns spätestens nach dem 2.Weltkrieg die USA ständig als der Hort von Freiheit überhaupt vorgebetet wurde und immer noch wird. So kann ma´u z.B. folgende Satz lesen: „Die <Stärke> des angloamerikanischen Ansatzes besteht darin, dass empirische Beispiele für Freiheitsmissbrauch" (zwar einerseits) „nicht zu einer Negierung des Prinzips der Freiheit führen"[156]. „Dieser theoretischen Stärke entspricht die Rolle der USA als freiheitlicher Garantiemacht im 20. Jahrhundert"[157] (Wik). Wenn ma´u diese Sätze liest, und sich die Realität der Welt, sowohl innerhalb der USA, als auch außerhalb ansieht, kann ma´u sich darüber nur wundern. Eigentlich müsste ma´u sich richtiggehend ärgern. Hier werden ganz reale Umstände in einer so üblen Weise verdreht und banalisiert, dass es einen grauen könnte. Was heißt denn hier z.B. „empirische Beispiele"?

Das heißt nicht mehr und nicht weniger, dass es danach hier ganz handfeste, vor allem aber reale, wirklich existierende Umstände gibt. M.a.W., hier bringt der Autor das zum Ausdruck, was ma´u allenthalben beobachten kann und was ma´u bei uns unbedingt „übersehen" muss, um nicht als Antiamerikaner zu gelten. Die Politik der USA und z.B. auch der CIA können Menschenrechte weltweit und fortgesetzt mit Füßen treten. Die USA bleiben für uns ein Hort der Demokratie und glorreiche

---

[155] siehe insbesondere Karl Polanyi hierzu.
[156] andererseits aber dadurch erst der Missbrauch so richtig salonfähig wurde, Einfügungen PS.
[157] eine behauptete Rolle, die nur auf einer beispiellosen Heuchelei aller Beteiligten beruht.

Verteidigerin der Freiheit[158]. Hat denn dieser Autor wirklich noch nicht realisiert, dass es genau diese Heuchelei der USA und in derem Schlepptau des Westens ist, die insbesondere in den islamischen Ländern die Grundlage von Hass und Terror liefert? Und ist es denn nicht ein Zeichen dieser Missachtung, dass Saudi Arabien einerseits mit dem Westen „dicke" Geschäfte macht, gleichzeitig aber mit diesem dabei verdienten Geld Zentren zur Zerstörung dieser demokratischen und freiheitlichen Systeme finanziert? Wie blind macht Ideologie noch?

Der „Gute" sollte mal Opfer der verschiedenen Militärdiktaturen in Mittel- und Südamerika fragen, die ja bekanntlich von dieser glorreichen freiheitsliebenden und diese verteidigenden USA entweder initiiert oder zumindest unterstützt wurden. Der würde sich über deren Antworten sehr wundern, besonders im Hinblick auf den Terminus freiheitliche Garantiemacht. Dass Sie mich nicht falsch verstehen, ich bin selbstverständlich kein Hasser der USA. Natürlich weiß ich sehr wohl, dass ma´u nichts und niemanden „über einen Kamm scheren" kann. Und natürlich weiß ich ebenso sehr wohl, was gerade wir Deutschen den USA zu verdanken haben. Aber hat denn gerade die USA alles nur völlig selbstlos getan? Und muss ich denn dafür aus Dankbarkeit für immer die Augen vor „empirischen Beispielen", sprich realen Fakten schließen? Insbesondere dann, wenn sich diese direkt gegen die Freiheit richten, siehe das Beispiel Chile, um nur das bekannteste zu nennen? Angesichts der Realpolitik der USA des letzten Jahrhunderts immer noch einen solchen Schmarren nicht nur zu denken, sondern auch noch zu

---

[158] Wie sehr solche Behauptungen die Realität verdrehen bis missachten, können Sie in den Büchern von Noam Chomsky, John Perkins und Stephen Kinzer und anderen nachlesen, siehe die anhängende Literaturliste.

veröffentlichen, darüber kann ma´u sich wirklich nur ärgern. Zum Beleg dieser Aussage erneut der Hinweis auf solche Autoren wie Noam Chomsky, John Perkins oder Stephen Kinzer, aber auch viele weiterer.

Gerade im Zusammenhang mit dem Thema Sicherheit ist unabdingbar zu beachten, dass es gerade die materielle Sicherheit der Menschen ist, die diese überhaupt für Freiheit bereit machen können. Oder anders gewendet; permanente handfeste materielle Unsicherheit bis absolute Hoffnungslosigkeit in Bezug auf erwünschte Lebensumstände, bringen weder Fragen noch Bedürfnisse nach Freiheit hervor. Wer immer nur sein Denken, Handeln und seine Aufmerksamkeit darauf richten muss, die Bedingungen und Voraussetzungen des nackten Überlebens zu sichern, für den/die existieren solche Fragen überhaupt nicht. Es ist nun aber absolut alarmierend, dass die weltweiten Auswirkungen und Folgen eines wirtschaftlichen Handelns nach den Regeln des Neoliberalismus genau diese Umstände immer umfassender „produzieren".

Konnte ma´u solche Umstände noch bis vor kurzem aus der einigermaßen „gesicherten" Entfernung der sog. entwickelten Ländern beobachten, so ist das spätestens nach der letzten Wirtschaftskrise und ihren Folgen nicht mehr möglich. Die Auswirkungen der Ideologie dieses marktwirtschaftlichen Denkens verdeckt und verschleiert nach wie vor, dass genau das nicht passiert. Hierfür ist insbesondere die klassische Theorie verantwortlich. Denn deren „Befolgung" und daraus herkommende katastrophale Folgen waren ja schon bei der großen Depression der dreißiger Jahre erkennbar[159]. Es wurde dabei

---

[159] also die Folgen der Behauptung, das regelt der freie Markt von ganz alleine und zum Vorteil aller Beteiligten. Diese Behauptung funktionierte schon damals nicht.

aber ebenso deutlich, dass die wenigen Profiteure dieser wirtschaftlichen und politischen Handlungen, bzw. Nichthandlungen von diesen Folgen nur dann betroffen werden, wenn sie einfach unfähig sind, dieses System „richtig", sprich zu ihren Gunsten zu nutzen. Der absolut überwiegende größere Teil aller Bevölkerungen der wirklich betroffenen Länder, werden bei solchen Vorgängen gnadenlos in die Armut „befördert". Ma´u braucht sich nur die Folgen sowohl in den USA, aber zunehmend auch in vielen Ländern der EU anzusehen.

Am ehesten ist diese Entwicklung in den USA zu beobachten. Denn alle politischen Mehrheiten haben in den USA immer eine der europäischen Realität der sozialen Gesetzgebung angenäherte Politik verhindert. Solche Umstände werden aber für Europäer aus deren anderen Geschichte heraus besonders dramatisch. Denn diese kennen andere Erfahrungen, siehe die derzeitige Reaktion der sog. Gelbwesten. Dem Staat werden aber in bekannter klassisch liberaler Manier[160] durch ständige Steuerkürzungen insbesondere für die begüterten Anteile einer Gesellschaft die erforderlichen Mittel vorenthalten. Daher muss er, um soziale Bedürfnisse überhaupt befriedigen zu können, immer erneut Schulden machen. Ma´u braucht sich also über die derzeit zu beobachtenden Entwicklungen nicht zu wundern.

Um Vorurteilen vorzubeugen, bin ich kein Anhänger eines überzogen obrigkeitlichen, total verwalteten, oder gar sozialistisch geplanten Staates, ganz im Gegenteil. Aber schon die Lehren des Ordo-Liberalismus und dann die daraus entstandene Praxis der sozialen Marktwirtschaft nach Müller-Armack sollten uns doch gelehrt haben, dass nur der Staat in der Lage ist,

---

[160] der Staat hat sich aus aller wirtschaftlichen Aktivität so weit wie nur irgend möglich herauszuhalten, weil der „Freie Markt" all das viel besser kann. Das kann ma´u ja gerade momentan wieder „so gut beobachten", wenn ma´u es ironisch ausdrückt.

die sozialen Härten, ja oft genug Brutalitäten und Ungerechtigkeiten des sog. „Freien Marktes" auszugleichen. Es sind insbesondere diese Umstände die uns zeigen könnten[161], dass hier in umfassender Weise die Idee der Freiheit im Interesse der Eliten gnadenlos missbraucht wird. Dies deshalb, um partikulare Interessen einer neuen herrschenden Klasse auf Kosten der Natur und aller anderer Menschen um- und durchzusetzen.

Am Ende dieser Darstellung will ich Sie hier noch mit einer etwas anderen Sicht und möglichen Betrachtungsweise von frei sein bekannt machen. Aber gerade auch dieser würde in einer überzogenen Anwendung auch hier das genaue Gegenteil des Behaupteten erreichen. Es handelt sich um die Ansicht des Existentialismus nämlich. Dies ist eine Sichtweise auf uns Menschen und die Gesellschaft, die im letzten Jahrhundert entstand und bis heute wichtige Folgen hat. Im Existenzialismus gilt der Mensch als unbedingt[162] frei. Zugespitzt formulierten Jean-Paul Sartre und Albert Camus getrennt voneinander, der „Mensch sei zur Freiheit verdammt". Diese Auffassung basiert darauf, dass hindernde Umstände[163] als immer gegeben angesehen werden, so dass ihnen keine freiheitsbegrenzende Qualität zukommt. Dies gilt unabhängig davon, ob ma´u die Hindernisse als natürlich, gesellschaftlich oder durch Naturgesetze bedingt ansieht.

Aber natürlich kann auch eine solche Ansicht erneut ins Negative gekehrt werden. Ma´u kann das daran erkennen, dass ja von dieser Auffassung her jederma´u bezogen auf die eben geschilderten Zusammenhänge sagen könnte, das sei eh alles nur unwesentlich. So könne z.B. ein Mensch, der in einem Turm

---

[161] wenn wir es denn irgendwann schaffen endlich ideologiefrei hinzuschauen.
[162] also schon immer und von sich her durch Geburt.
[163] also das, was wir als negative Freiheit definierten.

eingesperrt ist, immer noch frei seinen Ausbruch planen. Das gilt ja selbst dann, wenn er damit scheitert. Denn das Scheitern begrenzt nicht die gedankliche Freiheit. Diese Gedankenfreiheit ist Teil der menschlichen Existenz und somit schon immer auch seiner Freiheit. Das Besondere an der menschlichen Freiheit bestehe eben darin, dass er die Wahl habe, sich gedanklich in die Umstände zu fügen oder über diese im Rahmen der stets begrenzten menschlichen Möglichkeiten hinwegzuschreiten. Da sich niemand, auch der Gefangene im Turm nicht, in letzter Konsequenz mit den gegebenen Umständen abfinden muss, bleibt der Mensch frei.

Freiheit bedeutet dann aber notwendiger Weise, an den gegebenen Umständen, mit denen sich der Mensch abzufinden habe, nichts ändern zu können, in diesem Sinne noch besser zu sollen. Diese Sicht der „Freiheit" erinnert fatal an die Definition eines Staates durch Hegel, der ja bekanntlich darum immer gerechtfertigt sei, egal welchen Zwecken er dient oder welche Umstände er schafft. Er sei ja die immer gegebene Manifestation des göttlichen Geistes. Eine solche, für meine Auffassung eher absurde und kontraproduktive Sicht der Freiheit, konnte bestenfalls während der Zeit der Nazidiktatur entstehen. Aber sie könnte ebenfalls sehr wohl, wie dies ja mit der Ideologie des „Freien Marktes" geschieht, gegen jede Art von Widerstand gegen die derzeitigen Umstände eingesetzt werden.

Ein besonders wichtiges Beispiel solchen „verdrehten" Denkens lieferte ja schon John Locke in seiner Begründung des Eigentums. Dieses entsteht nach ihm „im Naturzustand" eben auch durch „bezahlte" Arbeit. In welchem Maße dieses Argument schon immer völlig un-sinnig war[164], insbesondere auf

---

[164] in einem wie auch immer verstandenen Naturzustand gibt es weder Geld noch Menschen ohne Arbeit.

der Grundlage des behaupteten Eigentums "an sich selbst"[165] kann jederma´u selbst erkennen, der die obigen Darstellungen annehmen kann. Dass dieses Denken aber besonders im Neoliberalismus wieder umfassend aufersteht, zeigt besonders deutlich Murray Rothbard.

Nochmals ganz deutlich: Grundsätzlich wird heute in den sog. demokratischen Gesellschaften die freiheitliche demokratische Grundordnung durch Grundrechte und Rechtsstaatlichkeit, eingeschränkter Demokratie[166], sowie angeblich freier Marktwirtschaft gewährleistet. In welchem Sinne und in welche Richtung diese eventuell verbessert werden könnten, können Sie sowohl bei Johannes Heinrichs in seinem Buch „Revolution der Demokratie", als auch in meinem Buch „Die Geburtsfehler der Demokratien" nachlesen. Die zu kritisierenden Umstände und Entwicklungen habe ich in Ansätzen angesprochen. Zur Verwirklichung aber einer wirklich freiheitlichen demokratischen Grundordnung sollte endlich die Schaffung einer Zivilgesellschaft, oder noch weitergehend, einer Bürgergesellschaft auf der Grundlage selbständigen Denkens gefordert werden. Aber natürlich vor allem im Sinne der Stärke des kontinentaleuropäischen Ansatzes von frei sein.

Dieser besteht darin, dass trotz des liberalen Grundansatzes, Missstände der Selbstregulation mit Hilfe eines aktiven staatlichen Eingreifens oftmals einer rascheren Behebung zugänglich sind. Dies beweisen alle diesbezüglichen Erfahrungen des letzten Jahrhunderts. Dieser theoretischen Stärke entsprechen die soziale Absicherung, ein sozial-marktwirtschaftlicher Ordnungsrahmen – wenn er denn wirklich gewährleistet wird - und

---

[165] siehe Kant, der diese Sicht gründlich widerlegte, was aber bis heute niemanden interessiert.
[166] im Sinne der nicht existenten Gesetzgebung durch das Volk gemeint.

die vergleichsweise höheren Ausgaben für Entwicklungszusammenarbeit. All diese Prinzipien weitgehend zugunsten des amerikanischen Ansatzes aufgegeben zu haben ist ja gerade der Grund der derzeitigen Verhältnisse. Also helfen wir mit, die wirkliche soziale Marktwirtschaft nicht nur wieder zu entdecken, sondern im Sinne aller Bürger*innen wieder zu beleben und weiter zu entwickeln. In welche Richtung aber sollte das gehen, bzw. welche Grundentscheide wären hier zu treffen?

VIII. Kapitel, Orientierungen

Die alles entscheidenden Voraussetzungen der derzeitigen Probleme und Entwicklungen entstammen nach wie vor dem patriarchal geprägten rationalen Denken. Dieses bringt sich insbesondere in Machthierarchien zum Ausdruck. Noch deutlicher; es setzt diese Verhältnisse als Macht-über und angewandter, durch Gesetze legitimierter Gewalt durch. Auf was stützt sich aber diese Gewalt? Seit Beginn dieser Entwicklung waren es neben denjenigen in den Familien die drei grundlegenden gesellschaftlichen Aktionsfelder, in denen sie sich als dominierend erwiesen und von wo aus sie diese Hierarchien herstellten.

> Das erste war und ist der Bereich der Erklärungs- und Auslegungskompetenz dessen, was wir schon als Moralquellen ansprachen. Aber auch die Erklärung von „Gott und Welt" allgemein und des Rechts. Der zweite Bereich ist der, der aus der Verfügungs- und Kommandogewalt über die Sicherheits- und Ordnungskräfte entsteht. Also die Armeen, dann das frühere Wächteramt und später die Polizei. Der dritte Bereich ist der umfassende Zugriff auf die Ressourcen der jeweiligen Gesellschaft, die wir heute unter dem Begriff der Wirtschaft und des Geldes zusammenfassen.

In der ersten durch das rote Denken hervorgerufenen Phase dieser Entwicklung, erfolgte die gesellschaftliche Legitimation durch immer mächtiger werdende, rot denkende Häuptlingsclans. An deren Spitze standen ab da immer die mächtigen, „aufgeblasenen" Männer. Diese waren die Ersten, die diese Bereiche organisierten. Später entstanden, teils daraus hervorgehend, oder durch Eroberer, die ersten Stadtstaaten und dann die ersten Feudalreiche. In diesen regierten dann diese Männer als Fürsten und Könige. Oft auch mit selbst ernanntem Götterstatus, oder als Stellvertreter eines Gottes. Dadurch war auch das höchste Priesteramt häufig in deren Hand. M.a.W., alle drei Bereiche lagen in den Händen einer, oder weniger Personen.

Diese Umstände führten zu einer unbegrenzten Macht- und Vermögensfülle in den Händen dieser Menschen und ihrer direkten Anhänger. Uns relativ gut bekannte Beispiele liefern die ägyptischen Pharaonen. In der nächsten, durch das mythologische Denken begründeten Phase der Entwicklung, kam es vor, dass der erste dieser Bereiche in den Anspruch der jetzt oft selbständigen Religionen überging. Das war auch dann weitgehend der Fall, wenn, wie in Byzanz oder später England, die jeweiligen Könige gleichzeitig das Oberhaupt der entsprechenden Religion waren. Denn zumindest die Kompetenz der Auslegung und Lehre war in den Händen der Religionen vereint. Allerdings wuchs jetzt die Macht der Könige und Fürsten als oberste Herren der immer umfassender werdenden Verwaltungen. Vor allem aber die Gesetzgebung und deren Anwendung lag nach wie vor in ihrer Macht. Aber immer noch verfügten die zahlenmäßig wenigen Führungspersonen dieser Gesellschaften über die Macht im Staate und weitgehend über die wirtschaftlichen Ressourcen.

Besonders anschauliche Beispiele liefern hier die französischen Könige am Höhepunkt ihrer Macht im Absolutismus, aber natürlich auch alle anderen Könige, Kaiser und Fürsten während dieser Zeit. Oder um es etwas anders auszudrücken: Nach wie vor ermöglichte es die jeweilige gesellschaftliche „Verfassung" wenigen Menschen ihre egozentrischen Wünsche und angeblichen Bedürfnisse unbegrenzt auf Kosten der absolut überwiegenden Mehrheit der jeweiligen Bevölkerung auszuleben. Und dieses „unbegrenzt" bezieht sich neben den als sowieso gegeben angesehenen wirtschaftlichen Bereichen in erheblichem Umfange auch auf Umstände, die weit in das hineinreichten, was wir heute Privatsphäre[167] und Menschenrechte[168] nennen. Betrachten wir uns das hier kurz zusammengefasst dargestellte etwas genauer. Es ist ganz unverkennbar, dass alle drei Bereiche entschieden in ihrer jeweiligen Verfassung und derem Zustand das bestimmten, was wir uns oben als Verständnis von Freiheit erarbeiteten. Wie sieht jetzt eigentlich die Situation heute aus, nach einer ganzen Reihe von Revolten und Revolutionen, die ja genau die Abschaffung all dieser Verhältnisse und Umstände zum Ziel hatten? Vor allem um Raum für umfassend freies Sein und zwar für alle Menschen zu schaffen, zumindest erzählt ma´u uns das immer? Hat sich an diesen Umständen wirklich so vieles und insbesondere entscheidendes geändert? Schauen wir uns die drei Bereiche in ihrem derzeitigen Zustand näher an.

Erweitern wir zunächst den ersten Bereich noch um das Thema Wissen. Hier können wir beobachten, dass anstelle der klassischen „Ausleger" der hier angesiedelten gesellschaftlichen „Wahrheiten", diese auf viele Schultern verteilt sind. Diese „verkünden" sowohl die Moralquellen, als auch die Gesetze, das Wissen und deren Erklärung gegenüber der Gesellschaft. Bevor ich diese kurz aufzähle und mit wenigen Bemerkungen charakterisiere, ist immer noch im Hinterkopf festzuhalten, dass jedweder Einfluss auf diese Umstände direkt oder indirekt

---

[167] die es praktisch überhaupt nicht gab, zumindest nicht für den „unteren" Teil der Bevölkerung.
[168] hier insbesondere die Unverletzlichkeit der Person, speziell der Frauen. Siehe der Fall der jus primä noctis, also das „Recht" der ersten Nacht, sprich Hochzeitsnacht.

mit „Macht-über" und damit Ermöglichung von Machthierarchien zu tun hat. Betrachten wir nun den Bereich der Religionen, müssen wir feststellen, dass sich hier wenig bis gar nichts verändert hat. Insbesondere die katholische Religion verteidigt mit Klauen und Zähnen sowohl die eigene Machthierarchie, ihre absolute Auslegungshoheit, vor allem aber ihre „Moralquellen". Da aber diese häufig nicht mehr mit den heute gelebten übereinstimmen, bereiten sie daher den Menschen, die sich noch mit einer Kirche verbunden fühlen, immer größere Probleme. Es waren und sind ja gerade diese Umstände, die so viele Menschen veranlassten die Kirchen zu verlassen. Vieles ist zwar hier in den protestantischen Religionen nicht ganz so rückwärtsgewandt, aber die machthierarchische Struktur gilt auch hier.

Das noch wichtigere Thema ist der Bereich des Wissens, hier insbesondere das allgemein gesellschaftliche, als auch speziell das wissenschaftliche. Auch hier gelten in den zuständigen Bereichen[169] immer noch in großem Umfange machthierarchische Strukturen. Seltene Ausnahmen bestätigen auch hier eher die Regel. Zunächst ist festzuhalten, dass diese grundlegende Struktur von Wissensvermittlung umfassend Unterwerfung unter die Verkünder, die Regeln und vorgegebenen Inhalte fordert. Damit bringt es nach wie vor Gehorsam und Untertanentum hervor. Das zeigt sich in der Art der Organisation und der Festlegung der Inhalte besonders deutlich. Dieser eigentlich für eine demokratisch begründete Gesellschaft skandalöse Umstand steht nach wie vor nicht zur Diskussion. Und dies, obwohl er gerade dadurch grundlegende freiheitliche und damit fundamentale demokratische Möglichkeiten von Beginn an verhinderte und bis heute verhindert. Wie kann ich eine solche

---

[169] also allen Arten von Schulen, über Hochschulen und Forschungseinrichtungen.

Aussage, die ja doch alle existierenden Bedingungen von Wissensvermittlung betrifft, begründen?

Nun, zu dem Thema Bildungseinrichtungen habe ich schon oben einiges, aber besonders in meinem Buch „Unsere Schulen....." umfassendes ausgesagt und will es daher hier nicht wiederholen. Aber gerade die freies Sein und hier Denken ist eine ganz grundsätzliche Voraussetzung für gelingendes Lernen, vor allem aber für Forschung. Wie ist das zu verstehen? Da ein erfolgreiches Lernen nur aus eigenaktiver speziell selbstgewählter Handlung hervorkommen kann – siehe erneut Piaget -, wäre die Rolle des freien Handelns gerade für den Lernenden sofort zu erkennen, wenn es sie denn gäbe. Oder anders formuliert; es ist immer nur meine freie Entscheidung in Bezug auf einen frei gewählten Lerngegenstand, die mich mit ihm in eine positive Beziehung bringen kann. Erst diese kann optimale Lernergebnisse im Sinne von Erfahrung hervorbringen. Wie sieht das aber für die Wissenschaft aus?

C.F. v. Weizsäcker sagte dazu ganz lapidar: „Wahrheit kann nur in Freiheit gefunden werden". Dies gilt aber erst recht auch und gerade für daher kommende Einsicht. Dieser Satz weist gleich auf mehrfache Umstände in Hinblick auf freies Denken hin. Einsicht ist ein absolut persönlicher Vorgang, der weder durch Befehl noch durch sonstige Vorgaben erzwungen werden kann. Dieser setzt aber eine freie Einsichtsabfolge „in mir" voraus. Einsicht ist aber seinerseits die Bedingung für die eigenständige Erkenntnis einer "Wahrheit". Diese wiederum wird nur dann selbständig hervorgebracht und damit akzeptiert und angenommen, wenn sie nicht durch andere vorgegebene und/oder indoktrinierte Wahrheiten verhindert oder gar ausgeschlossen wird. Darüber hinaus können auch neue „Wahrheiten" nur dann gefunden werden, wenn der/die Suchende in seinem/ihrem Denken bereits frei genug war, um sich neue Möglichkeiten von Wahrheiten vorstellen zu können.

Oder anders gewendet, auf neuen Gebieten oder Zusammenhängen zu forschen.

Bekanntlich sind die Realitäten in den allgemeinbildenden Einrichtungen entgegen der allgemeinen Meinung gerade auch an den Hochschulen gravierend anders. Ma´u kann eben keinesfalls übersehen, dass sehr viele von Lehrautoritäten vorgegebene „Wahrheiten" von den abhängig[170] Lernenden dann als ihre eigene verstanden und besonders unnachsichtig, vor allem aber uneinsichtig verteidigt werden. M.a.W., es gibt ganz wenige Lehrer*innen, die bereit sind von Student*innen deren "eigene", oder gar eigen gefundene Wahrheiten gelten zu lassen. Im Gegenteil werden diesen in der Regel die „Wahrheiten" der Professor*innen mehr oder weniger deutlich aufgezwungen. Das gelingt aber eben nur, weil die Lernenden von der Position des Untertans her denken und für diese die Wahrheit von Autoritäten daher immer gilt.

Damit ist es ganz offensichtlich, dass sowohl die machthierarchische Organisation der Wissensvermittlung, als auch die Vorgaben der Inhalte für eine umfassend effektive Weiterentwicklung sowohl der Inhalte, aber erst recht des Abbaus dieser Strukturen absolut behindernd und damit schädlich sind. Dazu kommt noch, dass die eh falsche Durchsetzung eines Lernens im Sinne der Erinnerungsleistung und nicht der Einsicht, insbesondere aber die absolute Bevorzugung des Verstandes und damit der Logik nur die linke Gehirnhälfte fördert. Die rechte wird aber umfassend in ihrer Entwicklung behindert. Zu den hier vor allem geltenden "hintergründigen" Gründen erinnere ich nochmals an das obige Zitat aus den zionistischen Protokollen. Diese wenigen Hinweise können natürlich nur erste Anregungen sein, die es aber nicht desto trotz weiter zu bedenken

---

[170] also durch die öffentlichen Anstalten als Autoritätsabhängige vor-geprägten.

gilt. Vor allem dann, wenn ma´u sich um die Entwicklung einer Kultur bemühen will, die sich in ihren wesentlichen Bedingungen auf freiesSein für Alle stützen und berufen will.

Der nächste ganz entscheidende Bereich ist der des Staates, hier speziell in seinen Möglichkeiten von Machtausübung in den Bereichen Legislative, Exekutive und Judikative, vor allem aber Verwaltung. Da ma´u zu diesem Thema dicke Bücher schreiben müsste, was hier natürlich nicht geht, kann ich mich hier nur auf einige wenige wichtige Umstände einlassen. Laut einer wirklichen demokratischen Verfassung sollte die politische Macht alleine beim Volk liegen, siehe Art. 20 GG. Diese wird aber dann laut GG an sogenannte Abgeordnet*innen delegiert, wobei diese dann – angeblich - den politischen Willen des Volkes umsetzen sollten. Da dies in allen derzeitigen „demokratischen" Staaten[171] aber mit Hilfe, oder Zwischenschaltung von Parteien geschieht, kommt es darauf an, wie diese sich mit dem Volk in Verbindung setzen. Vor allem aber, ob sie ausreichend Alternativen anbieten, um die unterschiedlichen Wünsche, insbesondere aber Bedürfnisse möglichst vieler Menschen beachten und vertreten zu können. Laut Grundgesetz (Art. 21) sollen die Parteien das Volk in seiner Willensbildung unterstützen.

Die Realität in allen derzeitigen Demokratien, die ich kenne, ist eine völlig andere. "Schließlich ist es den ungeheuren Parteiapparaten überall gelungen, die Staatsbürger inklusive der Pateimitglieder völlig **zu entmachten"**[172], wie Hannah Arendt den derzeitigen Zustand überaus zutreffend charakterisiert. Deutlicher kann ma´u den derzeitig überall existierende Zustand nicht beschreiben. M.a.W., es sind alleine die Parteien, bzw.

---

[171] Ich erinnere nochmals an das obige Zitat von Yascha Mounk in Bezug auf die Entstehung von Demokratien.
[172] Hanna Arendt "Macht und Gewalt", a.a.O. S217ff Hervorh. PS.

noch genauer, nur deren Führungskräfte, die die politischen Inhalte bestimmen. Da darüber hinaus bei praktisch allen relevanten Parteien eine so einheitliche Meinung über die erforderlichen politischen Aktivitäten besteht, die noch dazu weitgehend im Interesse der mächtigsten Gruppierungen dieser jeweiligen Gesellschaften formuliert und vertreten werden[173], ist das Ergebnis dieser Politik vorhersehbar. Sie liegt eben in aller Regel nicht im Interesse der Mehrheit der Völker. Der deutliche Satz: „die da oben machen doch was sie wollen", bringt diese Umstände exakt auf den Punkt. Aber der noch deutlichere Satz von Horst Seehofer: „Diejenigen, die entscheiden, sind nicht gewählt, und diejenigen, die gewählt werden, haben nichts zu entscheiden", macht das eigentliche Dilemma noch wesentlich klarer. Ich kann hier nur nochmals auf die Geheimorganisationen verweisen.

Das noch gravierendere Problem ist die Entwicklung in den Verwaltungen. Da eine Verwaltung ihrer Definition nach im Dienst und damit der Vertretung derjenigen „Macht" stehen sollte, die die staatliche Macht besitzt, sollte dies in einem demokratischen Staat eine Verwaltung des Volkes sein. Oder anders gewendet; jede/r Bürger*in wäre einer Verwaltungsperson gegenüber nicht Untertan*in, sondern der Souverän. Die tägliche Realität bringt in aller Regel das Untertanenverhältnis Verwaltung gegen, nicht für eine/n Bürger*in zum Ausdruck. Die Verwaltung ist längst eine eher absolutistische Bürokratie denn eine bürgernahe Verwaltung. Hanna Arendt bringt auch diesen Sachverhalt treffend auf den Punkt: "Wir müssten heute ... die jüngste und vielleicht furchtbarste Herrschaftsform hinzufügen, die Bürokratie oder die Herrschaft, welche durch ein kompliziertes System von Ämtern ausgeübt wird, bei

---

[173] die Unterschiede sind marginal, ma´u braucht sich nur die jeweiligen politischen Handlungen und deren Folgen aller derzeit agierenden „demokratischen" Regierungen anzuschauen.

der man keinen Menschen mehr, weder den Einen noch die Wenigen, weder die Besten noch die Vielen, verantwortlich machen kann, und die man daher am besten als Niemandsherrschaft bezeichnet"[174].

Hier liegt einer der entscheidendsten Umstände für die Abkehr so vieler Bürger*innen von diesem Staat. Wenn ma´u mir entgegenhalten sollte, ich würde hier Unsinn reden, braucht diese/r nur zu einer Verwaltung zu gehe und Einspruch gegen eine ihn/sie betreffende Verwaltungsentscheidung einzulegen. Auch hier würde ein positives Ergebnis, wenn es ein solches überhaupt geben sollte, als Ausnahme die Regel bestätigen. Wenn die Berichte insbesondere in den öffentlichen Medienanstalten kein völlig falsches Bild zeichnen, gibt es auch auf Seiten des Gerichtwesens vergleichbare Entwicklungen. Alleine der jüngst wieder öfter betonte Umstand, „Fehler, bzw. deren Eingeständnis und/oder Beseitigung seien in dem System nicht vorgesehen", ist ein geradezu schrilles Alarmzeichen[175]. M.a.W., Fehlurteile werden von den „Verursacher*innen" höchst selten wahrgenommen und dann meist nicht erneut aufgenommen und/oder neu verhandelt. Was das mit menschlicher Freiheit, vor allem aber menschlicher Würde macht[176], ist ganz offensichtlich. Alle diese Umstände zeigen in welchem Ausmaß Freiheit bedroht ist und wie sehr wir alle immer erneut darum kämpfen müssen.

Der dritte Bereich, den es hier zu beachten gilt, ist der entscheidendste, obwohl das öffentlich permanent bestritten, zumindest aber verschleiert wird. Es handelt sich um das derzeit gültige Wirtschaftssystem, die sog. „Freie Marktwirtschaft". Präziser, der kreditierte Finanzkapitalismus. Zu Beginn ist hier

---

[174] a.a.O.
[175] siehe besonders deutlich der skandalöse Fall Mollath.
[176] die ja ebenfalls laut GG umfassend zu gewährleisten ist.

auf einen Umstand hinzuweisen, der in aller Regel entweder gar nicht, oder öffentlich falsch diskutiert wird. Es handelt sich darum, wie gesellschaftlicher Reichtum entsteht. Es wird praktisch immer so getan, als entstünde er nur aus dem Einsatz von Kapital. Denken Sie nur an den absolut lächerlichen Satz des "arbeitenden Kapitals". Sie können Kapital – also z.B. einen Geldschein - so lange Sie wollen in einen Wertschöpfungsprozess stellen, da wird "hinten" nichts herauskommen.

M.a.W., Wertschöpfung erfordert neben Kapital schlicht auch Arbeit. Also ganz deutlich: Wertschöpfung entsteht aus dem - notwendigerweise - gleichberechtigten Zusammenspiel von Arbeit und Kapital. Historisch gesehen war aber Arbeit in der Wahrnehmung der jeweiligen Gesellschaften praktisch immer negativ besetzt bis umfassend verachtet. Ich erinnere an das obige Thema des "Guten Lebens". Vor allem aber an den Umstand, dass die Arbeit in dem römischen Rechtswesen, das seit dem ausgehenden Mittelalter nahtlos in das neu geschaffene europäische Rechtswesen übernommen wurde, einfach nicht existierte. Und warum war das so? Weil in Rom erstens die Doktrin des "Guten Lebens" weiterhin galt. Vor allem aber, weil hier die Arbeit weitgehend von Sklav*innen erledigt wurde. M.a.W., im römischen Recht wurde zwar dem Eigentum alle Möglichkeiten und Freiheiten eingeräumt, wie wir sie ja dementsprechend heute in allen demokratischen Verfassungen wiederfinden. Die Arbeit aber wurde und wird im Zusammenhang mit der Wertschöpfung weiterhin übersehen. Das galt selbst dann noch, als sie

erstens während des 18. Jh. als frei zu verkaufende und damit "selbständige Ware" "entdeckt" wurde[177],

---

[177] die ja daher zu "kaufen" und zu bezahlen war und ist.

zweitens aber von Smith über Ricardo bis Marx[178] als wesentlicher Bestandteil der Herstellungskosten - die **Quelle der Schöpfung des Mehrwertes** - anerkannt wurden.

Dass dieser Umstand durch die neuere ökonomische Ideologie des Grenznutzens und dessen alleinige Bedingung zur Entstehung eines Preises "zum Verschwinden" gebracht wurde, ist heute sowohl unter vielen Ökonom*innen, vor allem aber öffentlich weitgehend unbekannt. Dass dieser Umstand aber sehr wohl von wichtigen Vertretern der Betriebswirtschaftslehre anerkannt wird[179], könnte hier schon fast als ein Treppenwitz der Geschichte betrachtet werden, wären vor allem die politischen Folgen nicht so gravierend. Wie aber wirkt sich das alles bis heute aus?

Erster Fakt: die Verfügungsgewalt über gesellschaftliche und natürliche Ressourcen liegt in den Händen relativ weniger Menschen[180], deren Zahl noch stetig abnimmt. Dies wird einerseits dadurch erreicht, dass ma´u nationale Wirtschaftsgrenzen durch wirtschaftlichen[181] bis militärischen Druck[182] praktisch abgeschafft hat. Andererseits sind aber durch das umfassend geltende Privateigentumsrecht Zugriffe generell privatisiert. Da Eigentumserwerb an finanzielle Möglichkeiten gebun-

---

[178] von dem letzteren aber umfassender und daher zutreffender als von Smith und Ricardo.

[179] siehe Heinrich Nicklisch in den zwanziger Jahren des letzten Jahrhunderts und Erich Gutenberg 1951.

[180] immer Eigentümer oder die Geldelite, oder deren Stellvertreter, wie z.B. Manager.

[181] mit Hilfe von Weltbank, IWF und WTO, neuerdings auch der EU.

[182] siehe alle Kriege der zweiten Hälfte des letzten Jahrhunderts, oder die vielfältigen Militärputschs, meist mit Hilfe und/oder Unterstützung der sog. „entwickelten" Länder, insbesondere den USA

den ist, nimmt es nicht Wunder, dass Eigentum weltweit zunehmend in immer weniger, weil „reichen Händen" konzentriert ist. Ob dies auch Staaten sind, die Flächen oder Rechte kaufen, wie in jüngster Zeit vor allem China, Saudi Arabien oder Indien, ändert an den Folgen für die betroffene Bevölkerung nichts. Diese werden in aller Regel, wenn sie dies nicht freiwillig tun, mit Gewalt von „ihrem" Grund und Boden vertrieben.

Dass solche Umstände immer mehr auch auf die „entwickelten" Länder übergreifen, weil diese freiwillig oder gezwungen öffentliches Eigentum verkaufen, oder verkaufen müssen[183], ändert an dem Sachverhalt nicht das Mindeste. Aber die meisten dieser Länder sind sog. Demokratien. Damit sind die eigentlichen Eigentümer solcher Einrichtungen die Bürger*innen. Damit laufen solche Verkäufe auf eine klammheimliche Enteignung all dieser Menschen hinaus, da sie ja nie gefragt werden. Dass darüber hinaus die Einkommen aus solchen Ressourcen den Staatshaushalten fehlen, wird selbstverständlich in Kauf genommen. Die Entwicklung läuft eh auf die Verarmung bzw. übermäßige Verschuldung der Saaten hinaus. Dadurch werden diese einerseits immer erpressbarer. Andererseits kann aber die von der derzeit gültigen Wirtschaftstheorie geforderte Rückführung sozialer Leistungen und öffentlicher Infrastruktur der Staaten einfach von „den Märkten" erzwungen werden. Eine dringend zu fordernde Gleichberechtigung der Arbeit gegenüber dem Kapital rückt natürlich durch diese Entwicklung erneut in "weite Ferne". Vor allem wenn ma´u noch mitberücksichtigt, dass durch die Digitalisierung dieser Prozess noch erheblich an „Fahrt" gewinnt. Was das dann aber mit der „Ware" Mensch als Arbeitskraft macht, ist

---

[183] siehe hier als besonders deutliches Beispiel im Zusammenhang mit der letzten Finanzkrise Griechenland.

derzeit völlig offen, weil ebenfalls weitgehend tabuisiert.

Zweiter Fakt: Die derzeitige Form der Weltwirtschaft gründet auf einem absolut unkontrollierbaren Finanzsystem. Der Grund liegt

> erstens darin, dass es zwar einen Annahmezwang für Geld gibt, aber keinen Ausgabezwang. M.a.W. Geld kann nicht nur unbegrenzt gehortet werden, nein diese Hortung wird auch noch durch Zinszahlungen belohnt. Dadurch wird sowohl der Geldkreislauf permanent unterbrochen, als auch unkontrollierbar, wodurch keine Währung stabil gehalten werden kann, ganz im Gegenteil.
> zweitens können die Banken mit Hilfe unkontrollierter Kredite unbegrenzt Geld „schöpfen", m.a.W., schlicht erschaffen.

Das eigentliche „Krebsgeschwür" aller Währungen sind aber die Zinsen. Warum ist das so? Zinsen sind erstens Zahlungen, denen in einer Kreditwährung keine wertmäßige Leistung gegenübersteht. Was meint dieser Satz? Alles Wirtschaften kann als ein offenes System verstanden werden. M.a.W., alle „Energien"[184], die in das System eingebracht werden, müssen in dem Fall der Wirtschaft „wertmäßig" dem Verbrauch oder Verzehr entsprechen. Unter Verbrauch und/oder Verzehr ist hier aber nicht nur der Konsum, sondern auch die produktive Umwandlung gemeint. Ist also Input und Output im Gleichgewicht, ist das System gesund. Ist es dies nicht, ist das System krank. Da den Zinsen keine „wertmäßige" Leistung gegenübersteht, ist dies ein zusätzlicher „Output", der durch zusätzlichen „Input", also zusätzliches Geld finanziert werden muss. Dieser, wirtschaftlich gesehen, parasitäre „Input" speist sich aus drei Quellen.

---

[184] von Geld über Arbeit bis Rohstoffe.

Erstens: alle Zinszahlungen werden auf die Preise umgewälzt. Ganz deutlich; statistisch gesehen enthält jeder Einkaufspreis von was auch immer ca. 40% Zinsleistungen. Also ganz konkret; wenn ich einen Gegenstand für einen € kaufe, zahle ich 40 Cent Zinsen.
Zweitens werden durch diese unkontrollierbare Geldvermehrung ständige Inflationsausgleiche erforderlich. Konkret: die ständige, derzeit um 2% pendelnde Geldentwertung hat hier ihren systematischen Ursprung.
Drittens entstammt diesem Zusammenhang der permanente Wachstumsdruck auf die Wirtschaft.

Zu all diesen unkontrollierbaren Umständen kommt noch hinzu, dass das Zinssystem als Zinseszinssystem exponentiell ist. M.a.W., es wird in absehbarer Zeit explodieren. Wenn Sie diese Aussage nicht glauben, nehmen Sie sich einfach ihren Taschenrechner, tippen Sie vielleicht als Ausgangszahl 1000.-€ ein, verzinsen Sie diese mit 2, 3, oder 4 Prozent und multiplizieren Sie dies mit der Zinseszinsformel. Sie werden sehen, dass in den ersten Jahren wenig passiert. Aber gehen sie mal auf 100 oder mehr Jahre, dann können Sie so langsam erkennen, was gemeint ist. Was aber passiert mit Steigerungsraten von 10 oder gar 25%, wie Sie Herr Ackermann für die Deutsche Bank forderte und nicht selten in anderen Gesellschaften erreicht werden? Probieren Sie es aus und sie erkennen sofort, wieso ein solches System kollabieren muss. Das tun übrigens alle exponentielle Systeme, die ma´u bisher kennenlernte. Siehe als Beispiel die Krebszellen, weshalb ich die Zinsen auch als Krebsgeschwür bezeichnete.

Zu zweitens; die Banken waren im letzten Jahrhundert erstens durch die Folgen des Finanzcrash von 1929 und die dann angewandte Wirtschaftspolitik nach Keynes weitgehend reglementiert und kontrolliert. Dies war einer der Gründe für das berühmte Wirtschaftswunder nach dem 2. Weltkrieg. Das gefiel aber weder den Geldeliten, aber schon gar nicht den dadurch „entmachteten" neoliberalen Ökonom*innen. Als dann durch verschiedene Umstände[185] die Wirtschaft in den 70er Jahren anfing zurück zu fallen, sahen diese ihre Chancen gekommen. Mit Hilfe zunächst von Reagan und Thatcher, später weiterer Politiker*innen, wurden Stück für Stück alle diese „Hemmnisse"[186] wieder abgeschafft. Daher haben wir heute wieder einen Zustand wie in den Zeiten vor dem Ersten Weltkrieg. Zum Beleg dieser Aussage finden Sie bei Thomas Piketty in seinem Buch „Das Kapital" alle Zahlen, die eine solche Aussage bestätigen. Die Banken sind aber heute nicht nur weitgehend „unbegrenzt", nein sie können auch völlig unkontrolliert sog. legale Geldgeschäfte machen. Vor allem aber Spekulationen mit allen möglichen neuen Spekulationspapieren machen, von Derivaten bis sog. Futures, die ihrerseits durch nicht zu kontrollierende Kredite finanziert werden. Diese werden dann ihrerseits wieder zu Spekulationsobjekten. In Fachbüchern, aber auch in Wik finden Sie dazu jede Menge Hinweise.

Dritter Fakt: Durch den durch die neoliberalen Gesundbeter[187] herbeigeredete und von den Staaten durch Gesetzesänderungen erlaubten Wegfall aller staatlichen Wirtschaftshemmnisse und Bankenregulierungen und den Möglichkeiten der Globalisierung, haben die unbegrenzten Wirkungen der „positiven" Freiheit katastrophal Folgen. Diese hatte der Neoliberalismus initiiert und wurden besonders durch Hayek und Friedmann durchgesetzt. Ab jetzt ist jedes egoistische Handeln nicht nur

---

[185] z.B. Auflösung der Währungsbindungen an den goldgedeckten Dollar und die Preissteigerung beim Rohöl, um nur zwei zu nennen.
[186] in Bezug auf einen absolut freien, weil unbegrenzten Markt.
[187] siehe z.B. das Thema der Geheimgesellschaft der MPS = **Mont-Pellerin-Society**.

erlaubt, sondern durch die Theorie auch gerechtfertigt. Nein dies wird durch die Praxis[188] regelrecht erzwungen. Dabei spielen die Globalplayer die Staaten der Welt gnadenlos gegeneinander aus. Diese müssen ihre Steuern und Abgaben gegenüber den Globalplayern immer weiter senken, um überhaupt noch Industrieansiedlungen zugesagt zu bekommen.

Aber damit nicht genug, müssen sie auf ihre Kosten nicht nur die Infrastruktur bereitstellen, nein sie müssen oft noch zur Errichtung dieser Anlagen zusätzliche Mittel als verlorene Zuschüsse einbringen. Haben die „Heuschrecken" dann diese Vorteile aufgebraucht, müssten sie also „normal", sprich ohne Vergünstigungen wirtschaften, ziehen sie weiter. Welche Folgen hat das? Auf der einen Seite sinken die Einnahmen der Staaten durch die Steuer- und Abgabenerleichterungen permanent, was übrigens die „Normalbürger" ausgleichen müssen. Auf der anderen Seite fehlen die Summen für die Zuschüsse den Normalhaushalten, so dass weitere öffentliche Investitionsleistungen immer weiter zurückgefahren, oder durch neue Kredite finanziert werden müssen. Und wäre das nicht schon schlimm genug, müssen sie auch noch Großfirmen finanziell „auffangen" – das idiotische „to big, to fail" -, um nicht noch mehr Kosten durch die drohende Arbeitslosigkeit übernehmen zu müssen. Ist dies nicht ein Umstand der ja nun die sog. Markttheorie absolut „bestätigt", oder wie sehen Sie das?

Um es nochmals deutlich zu sagen: der „freie Markt" erfordert nach der Theorie, dass Firmen, die sich verzockt haben, oder schlicht schlecht gewirtschaftet haben, bankrott zu gehen haben, Punkt. Da sich aber entgegen der Theorie viel zu große Gebilde entwickelten, dürfen diese gar nicht bankrott gehen. Diese so verursachten Kosten aber, die es ja nur deswegen

---

[188] Konkurrenzdruck und Profitmaximierung.

gibt, weil sich die Staaten in der Verantwortung den Bürger*innen gegenüber um diese „kümmern" müssen, bzw. "dürfen"[189], haben dann die Staaten zu tragen. Oder anders formuliert; hier "dürfen" sie plötzlich, um die Unfähigkeit mancher Manager zu kompensieren, bzw. "böse" Reaktionen der betroffenen Bürger*innen zu verhindern. Denn es sind die Manager, die durch verantwortungsloses oder fehlerhaftes Verhalten dafür „sorgen", dass diese Umstände überhaupt entstehen.

Es sind die gleichen Manager, die den Staaten durch ihre Macht die Mittel vorenthalten, um solche Leistungen überhaupt noch zahlen zu können. Diese müssen dann durch erneute Kredite aufgefangen werden, siehe den letzten Bankencrash. Und all das verkaufen uns nach wie vor Theoretiker*innen, aber auch immer noch viele Politiker*innen, als das alternativlos richtige System, das letztlich alle glücklich macht. Wie jederma´u erkennen könnte, wenn es ihm/ihr die ideologieverblendeten Augen denn erlauben würden, bringt dieses derzeitige System immer weniger Superreiche und immer mehr Arme bis Bettelarme hervor. Ich erinnere nur an die derzeitige Diskussion über die sich immer deutlicher abzeichnende bedrohliche Altersarmut von immer mehr Menschen und das jämmerliche Gezerre und Gefeilsche um bezahlbare Wohnungen.

In dieser Hinsicht, also wenige Mächtige und Reiche, erkennbar schwindender Mittelstand und ständig steigende Zahlen für Arme in patriarchalen Staaten, welcher Prägung auch immer, hat sich demnach in den letzten 5-6 Tausend Jahren praktisch nichts geändert. Nur die „Begründung" hat sich geändert. War es früher die alleinige Verfügung über die Gewaltmittel,

---

[189] **aber** nach der neoliberalen Theorie sollte sich doch der Staat aus allem Wirtschaftlichen heraushalten?

also vor allem Armeen, ist es heute die Verfügung über die gesellschaftlichen Ressourcen und das Geld. Dabei wird uns dies jetzt noch als eine „unumgängliche Folge" von Freiheit verkauft. Dass hier – also in Bezug auf den Markt gemeint – der permanent vorgebetete Begriff Freiheit dazu dient, um die Unfreiheit, die eigentlich existiert zu „verstecken", ist ein Umstand, den ich oben schon mit Luhmann begründete. Dieser darf aber auf gar keinen Fall allgemein bekannt werden.

Vierter Fakt: Und ob Sie es glauben oder nicht, es geht noch schlimmer. Bekanntlich kann diese Wirtschaft nur einigermaßen durch permanentes Wachstum stabilisiert werden. Aber kennen Sie auch nur irgendetwas auf dieser Welt, das immer nur wachsen und wachsen kann, ohne irgendwann einfach zu kollabieren. Niemand auf dieser Welt, der auch nur einigermaßen seine fünf Sinne beisammen hat, kann so etwas annehmen. Trotzdem tun alle sog. „Verantwortlichen" dieser Welt so, als ginge dies, ja es ist sogar „alternativlos". Aber wenn irgendjemand etwas öffentlich fordern würde, was jederma´u sofort als unmöglich erkennen könnte, würde ma´u ihn/sie mit hoher Wahrscheinlichkeit wegen offensichtlichen Irrsinns in psychiatrische Behandlung einweisen. Aber alle Welt tut so, als wäre das auf der wirtschaftlichen Ebene völlig normal, als würden alle sonst immer und überall zutreffenden Naturgesetze für die Wirtschaft nicht gelten. Warum glauben wir das aber fast alle?

Hier haben wir das eklatanteste Beispiel des Missbrauchs der Freiheit. Jederma´u in der Wirtschaftssphäre ist „frei", alles zu sagen und zu veröffentlichen, was zu seinen Gunsten, sprich zu den von grenzenlosen Profiten spricht. Dies wird aber von der „Fachseite" der - mit wenigen Ausnahmen - ideologisch verblendeten ökonomischen Wissenschaft immer wieder bestätigt. Also glauben das einfach alle. Besonders dann, wenn es auch noch durch unbegrenzte Mittel mit Hilfe einer umfassenden Propaganda täglich von morgens bis abends allem und jedem eingehämmert wird. Es ist der Totentanz der Religion[190] des Kapitalismus. Weitgehend niemand will die Unmöglichkeit eines immerwährenden, unbegrenzten Wachstums wahrnehmen. Niemand will sehen, dass dieses Wachstum sowohl uns selbst ein lebenswertes Leben zerstört, als auch die Basis unseres Überlebens überhaupt, die Natur. Diese Gesellschaft ist wirklich im wahrsten Sinne des Wortes irr-sinnig, deren Sinn irrt. Er irrt ganz konkret in dem Sinne, da er das herbeiführt, was Carl Amery den „Global Exit", zu gut deutsch, den Selbstmord, nennt.

Gibt es Möglichkeiten, diese Entwicklung nicht nur zu stoppen, sondern vielleicht sogar im Interesse des Lebens insgesamt auf dieser Erde umzudrehen? Ja, die gibt es. Schauen wir uns daraufhin die drei Bereiche nochmals an. Was ich hier jetzt anbieten kann, können natürlich nur erste Anregungen sein. Aber schauen Sie selbst. Wenn es um Religion oder umfassender, um aufgenötigte Ideologien geht, egal ob glaubensmäßige, religiöse, politische, oder allgemein gesellschaftliche, dann hilft zur Gewinnung einer freien Meinung nur selbständiges Denken, Damit aber auch ein Wandel des allgemeinen Bewusstseins. Anders gewendet; die Ablehnung jeder Dogmatik[191] und kritisches Hinterfragen von angemaßter Autorität, welcher Art auch immer. Dieser Grundsatz gilt auch und gerade für wissenschaftliches Wissen, was übrigens der deutsche Philosoph Johannes Heinrichs in seinem neuen Buch „Integrale Philosophie" deutlich einfordert. Seit Beginn der modernen Wissen-

---

[190] siehe Walter Benjamin, Ernst Bloch, Carl Amery u.a.
[191] Ein kluger Mann sagte einmal: "Dogma ist der Käfig des Verstandes".

schaften haben sich deren Ergebnisse permanent weiterentwickelt und dabei immer erneut grundlegend verändert.

Dabei zeigte es sich sehr deutlich, dass einerseits „Gesetze" immer nur in klar definierten Bereichen gelten, in anderen aber „veränderte". Konkret: die Newtonschen Gesetze wurden sowohl durch Einstein, als auch die Quantenphysik „eingeschränkt". Ein weiteres deutliches Beispiel ist die Darwin´sche Evolutionstheorie. Galt darin zunächst nur die Mutation und Selektion, muss sie begründet durch neue Erkenntnisse entschieden durch das Prinzip der Kooperation erweitert werden. Solche Entwicklungen sind in allen Wissenschaftsbereichen zu beobachten. Es wäre daher dringend geboten, Heranwachsenden und Studierenden das bisher Erkannte nicht nach wie vor als immer gültige Gesetze vorzusetzen. Sondern als das, was sie wirklich sind, nämlich veränderungsmögliche, ja veränderungsbedürftige Theorien. Aber ma´u macht dies in allen Bildungseinrichtungen immer wieder. Dadurch werden praktisch alle Menschen aufgefordert das vermittelte Wissen, insbesondere wenn es als Gesetze deklariert wird, als immer gültig zu glauben. Vor allem aber ihre Entscheidungen und Handlungen danach auszurichten.

Ein selbstbewusster und selbstbestimmter Denkansatz gilt auf dem Gebiet von Gesellschaft, Politik und Verwaltung noch mehr. Der Anfangserfolg der Piratenpartei zeigte deutlich, dass viele Menschen geradezu auf eine Partei „warten", die durch menschenorientierte und nachvollziehbare, veröffentlichte, und transparente Politik ihren Bedürfnissen nach wirklicher Mitwirkung entgegenkommen. Allerdings kann gerade eine solche Partei nur bestehen, wenn sie sich nicht durch kleinlichen persönlichen Prestigehickhack selbst kastriert. Der alles entscheidende Faktor für eine solche zukünftige Politik muss sein, dass der wirkliche Souverän einer Demokratie, nämlich das Volk weitgehend in alle wichtigen Entscheidungen miteingebunden wird. Diese Veränderung der Grundeinstellung gegenüber den Bürger*innen gilt in ganz besonderem Maße für die Verwaltung. Natürlich muss Verwaltung Recht um- und durchsetzen. Das muss aber in Zukunft nicht wie heute meist gegen den/die Bürger*in, sondern in Zusammenarbeit mit ihm/ihr geschehen. Zumindest muss er/sie in seinen/ihren Wünschen und Bedürfnissen ernst genommen werden. Vor allem aber nicht als lästige/r Störenfried/in empfunden werden. Diese gilt es dann grundsätzlich abzuwehren, oder gar abzuwerten. Mit der Entwicklung des Internet steht ein Medium zur Verfügung, das solche Entwicklungen in Zukunft ermöglichen sollte.

Das wohl schwierigste, weil ideologisch und machtmäßig besonders befrachtete Kapitel ist der Bereich der Wirtschaft. Hier sind es insbesondere die Bereiche Eigentum an Grund und Boden, vor allem aber an den Produktionsanlagen. Aber auch das Geld inklusive der Zinsen. Vor allem aber auch die Rechtsposition der Arbeit. Hier eine Veränderung zu erreichen wird besonders schwierig werden. Und zwar deshalb, weil sich mit deren Hilfe die derzeitigen Machteliten begründen und absichern. Vor allem Veränderungen, die zu ihren Lasten gingen oder gehen, schon immer mit allen Mitteln bekämpfen. Beginnen wir bei dem Grund und Boden. Dieser ist weder vermehrbar noch für irgend einen Menschen verzichtbar. Der exklusive Zugriff auf denselben, war von Beginn seiner Existenz an einer der entscheidendsten Voraussetzungen der Macht[192]. Daher wurde dieses von Seiten der Mächtigen, oder denen, die deren Interessen vertraten, nie infrage gestellt. Ganz im Gegenteil wurde er sogar als absolut unverzichtbar in praktisch alle demokratische Verfassungen übernommen.

---

[192] siehe die frühere Okkupationstheorie des Eigentums von Cicero.

Dabei ist von Beginn an klar, wenn ma´u es denn sehen will, dass er jede Gesellschaft in Eigentümer an Boden und Nichteigentümer trennt und damit letztlich grundlegende Ungleichheiten schafft. Diese sind in dem Sinne entscheidend, da alle Nichteigentümer umfassend von den Entscheidungen der Eigentümer abhängig sind. Eine zukünftig erforderliche Veränderung auf diesem Gebiet kann aber nur in einer breiten gesamtgesellschaftlichen Diskussion erfolgen. Deren Ergebnis muss aber auf jeden Fall ergebnisoffen sein. Sie muss aber unbedingt von der freien und gleichen Sicht auf jede/n Bürger*in eines Staates ausgehen. Insbesondere aber auch eine neue Gewichtung und Stellung der Arbeit miteinbeziehen. Diese darf aber keineswegs auf der Locke´schen Begründung des Eigentums durch Arbeit aufbauen. Diese ist, wie schon Kant nachwies, schlicht und einfach unzutreffend.

Der zweite entscheidende Punkt ist das Geld und Zinssystem. Obwohl das kaum jemand weiß, weil es von Beginn an weitgehend unterdrückt und tabuisiert wurde, gibt es einen Alternativvorschlag zu den derzeitigen Währungstheorien. Das noch interessantere ist aber, dass dieser schon über mehr als 300 Jahre hervorragend funktionierte. Das hat aber die offizielle Wirtschaftsgeschichte nie zur Kenntnis genommen. Das gilt natürlich auch für eine Reihe anderer geschichtlicher Umstände, die nicht in ihre Theorien passen. Sie verhält sich hier ganz nach dem Motto: was nicht sein darf, ist nicht, Punkt. Was ich meine ist

erstens die Zeit des Brakteaten im 12.-15. Jh. Was ist aber ein Brakteat? Brakteaten waren Münzen aus ganz dünnem Silber, deren Wert ständig durch Einzug

- das sog. Verrufen - Neuprägung und weniger Rückgabe[193] „abgewertet" wurde. Besser ist der hier gemeinte Vorgang mit dem zu verstehen, was der Theoretiker Silvio Gesell 1920 in seinem Buch „Die Natürliche Wirtschaftsordnung" als Freigeld vorstellte. Das „frei" bezieht sich auf den Umstand, dass es in einer solchen Währung keine Zinsen mehr geben würde. Darüber hinaus würde es jährlich um einen bestimmten Betrag von einigen Prozent abgewertet, wodurch die Hortung von Geld völlig uninteressant würde. Zu beachten ist, dass damit aber die Voraussetzung für eine auf Geld gegründete Macht entfiele. Ma´u darf einmal raten, warum solches mit allen Mitteln zu verhindern ist.

Interessant ist zweitens, dass solches Geld sowohl in der Zeit des Mittelalters, als auch an zwei kurzen „Probeläufen" Anfang der 30er Jahre des letzten Jahrhunderts in kürzester Zeit unglaublich positive Wirkungen erzielte. So wurde einer dieser Probeläufe als das „Wunder von Wörgl" bekannt. Nicht unerwähnt sei, dass es derzeit in vielen Teilen der Welt Versuche gibt, solches Geld als Ersatzwährung zu etablieren – siehe z.B. in Bayern der „Chiemgauer" -. Betrachtet ma´u sich diese Umstände, ist es nicht verwunderlich, dass es insbesondere von „Interessierten" und angeblichen Fachleuten abgelehnt wird. Dies geschieht mit einer der wirksamsten Methoden überhaupt, wenn ma´u etwas verhindern will, dem Totschweigen.

Noch wichtiger aber wäre eine vergleichbare Veränderung für das Eigentum an Produktionsanlagen. Von Beginn der Entwicklung des Kapitalismus an wurde die Arbeit auf der Voraussetzung des Eigentums an diesen nur ausgebeutet. Dies deshalb,

---

[193] für 4 eingezogene Münzen gab es dann nur noch 3.

um den „Mehrwert" – Marx - auf die Eigentümer – heute meist Aktionäre – zu „übertragen". Zu diesem Umstand habe ich ein eigenes Buch mit dem Titel „Der Mythos des freien Marktes, oder der real existierende Finanzkapitalismus, die tödliche Despotie der Holons Technik, Markt, Geld und Zins und Eigentum" veröffentlicht. Aber hier ganz kurz; wenn wir wirklich in einer noch unbestimmten Zukunft ein einigermaßen gerechtes Verhältnis zwischen Arbeit und Kapital und damit innerhalb einer jeden Gesellschaft herstellen wollen, ist auch hier das Eigentum abzuschaffen. Es sei hier darauf verwiesen, dass ich mit dieser meiner Meinung keineswegs alleine stehe. Das können Sie in einer ganzen Reihe von Büchern, auch in der angefügten Literaturliste aufgeführten, nachlesen.

Am Ende muss ich jetzt aber noch auf den alles entscheidenden Punkt hinweisen, der nach Kenntnissen unterschiedlichster Wissenschaften für all diese krankhaften Verhältnisse in unseren Gesellschaften verantwortlich ist. Dieser ist der entscheidende Gegner von Freiheit überhaupt. Es ist die Existenz einer psychischen Instanz, die ma´u seit Freud das Ego nennt. Dieses Ego, das fast alle Menschen der Welt für diese meist völlig unbewusst beherrscht, ist für das verantwortlich, was Fromm unsere gesellschaftliche Krankheit nannte, oder Wilhelm Reich eine Pest. Es ist eine Ersatzkonstruktion unserer Psyche. Diese muss sie hervorbringen, um unser eigentliches Selbst zu „ersetzen", das wir von frühester Kindheit an als „Der Fremde in Uns"[194] bekämpfen und unterdrücken mussten, um überleben zu können.

Hier holt uns am Ende dieser Überlegungen wieder unsere patriarchale Realität ein. Denn diese ist letztlich für all die negativen Umstände verantwortlich, die ich hier anführen musste. Es ist absolut entscheidend sich bewusst zu machen, dass wir erst

---

[194] Der Titel eines Buches von Arno Gruen.

dann in der Lage sind all unsere Probleme sowohl in uns selbst, als auch in der Gesellschaft klären und verändern zu können, wenn wir uns dieser Zusammenhänge bewusst werden. Vor allem um uns ihrer „annehmen" zu können. Erst wenn wir bereit sind zu sehen, was uns diese Umstände im wahrsten Sinne des Wortes angetan haben und weiterhin antun, können wir letztlich auch den Weg hin zu wirklichem freien Sein finden und gehen. Denn es ist ganz umfänglich unser Ego, das uns hier besonders im Wege steht. Vor allem deshalb, weil wir es kaum kennen, geschweige denn beachten. Aber vielleicht fragen Sie sich ja, na was soll denn jetzt dieser Quark, unter einem Ego versteht ma´u doch mein Ich und ohne dieses könnte ich doch gar nicht leben?

Antwort wieder mal ja und nein. Die Gleichsetzung Ego = Ich als Übersetzung des lateinischen Ego beschreibt den gemeinten Sachverhalt nur in Ansätzen. Allerdings kann ich der Komplexität des Umstandes wegen erneut nur einige erste Hinweise geben. Versuchen Sie mal kurz zu beobachten, was gerade in Ihrem Kopf „abläuft". Vielleicht haben Sie selbst schon bemerkt, dass hier ständig eine „Stimme" zugange ist, die ständig „redet" und „redet". Die lässt sich allerdings so gut wie gar nicht „anhalten", selbst wenn Sie es versuchen. Das sollte Ihnen zu denken geben. Wenn es nämlich „Sie" wären, also das betroffene Individuum, dann müssten Sie doch in der Lage sein dieses Gerede willentlich zu stoppen, oder nicht? Das gelingt aber nur nach längerer Übung und hoher Konzentration. Dabei schaffen Sie das nur dann, wenn Sie den Glauben aufgeben, dass Sie es sind, der/die hier denkt. Es ist nämlich das Ego das permanent denkt und zwar nur Dinge, die in seinem Interesse liegen, aber nicht in Ihrem. Huch, was soll denn aber das jetzt, das bin doch ich der/die denkt, wer denn sonst?

In der Psychologie weiß ma´u seit einiger Zeit, dass wir in unserer Psyche so etwas haben, was Ken Wilber in Bezug auf neueste Erkenntnisse der Psychologie Subpersönlichkeiten nennt. Also psychische Bestandteile, die wir in unserer Entwicklung „erschaffen" haben, um mit Problemen fertig zu werden. Das vertrackte daran ist, dass diese Subpersönlichkeiten eine gewisse Eigenständigkeit in dem Sinne haben, dass sie einmal existent „weiterleben" möchten. Dazu brauchen Sie aber wie alles Leben Energie. Diese können sie aber nur von ihrem „Wirt", also von Ihnen bekommen. Also manipulieren sie uns so, dass wir in Umstände kommen, die kaum je in unserem Interesse, aber sehr wohl in ihrem liegen. Konkret bezogen auf das Ego meint das folgendes: Das Ego weiß, dass es eigentlich so was wie ein Parasit ist, der keine Überlebenschance hat, also hat es Furcht. Das ist die eine Seite. Da es Energie braucht, hat es danach Verlangen, das ist die andere Seite. Um die Furcht abzuwehren, als auch Energie zu bekommen, muss es unser Denken manipulieren und das gelingt ihm dadurch, dass es permanent in seinem Interesse redet. Das erleben wir dann als unser Denken, also das eben angesprochene permanente Reden im Kopf.

Unser Problem ist aber, dass wir dieses Reden des Ego, als unser Denken verstehen und verhalten uns dann so, wie es dieses Denken will. Beispiel: Um seine Furcht abzuwehren, will das Ego immer größer und besser sein als andere. Daher versuchen wir permanent uns als besser „wie andere" zu erleben, indem wir sie z.B. beurteilen und kritisieren. Dadurch können wir uns diesen Menschen gegenüber als überlegen fühlen. Wir übersehen dabei aber zwei wesentliche Umstände:

> erstens ist das gar nicht unser Interesse, sondern das des Ego, das uns dieses aber als unseres „untergeschoben" hat.
> Zweitens bemerken das die betroffenen Menschen in

aller Regel, so dass solches Verhalten unsere Beziehungen belastet bis zerstört.

Darüber hinaus führen solche Umstände oft gerade in Beziehungen zu Unfrieden und Streit. Streit aber erzwingt immer eine höhere Energiebilanz in uns. M.a.W., dem Ego ist dieser Streit erwünscht, um hierdurch mehr Energie zu bekommen. Also provoziert es solchen Streit immer wieder, selbst wegen der kleinsten Kleinigkeiten. Vielleicht haben Sie sich schon mal gefragt, warum Sie immer wieder so leicht in Streit geraten. Und das obwohl Sie sich doch beim letzten Mal so fest vorgenommen haben, dies nicht mehr zu tun und dies Ihrem/r Partner/in auch hoch und heilig versprochen haben. Hier können Sie erkennen, woher das eigentlich kommt, dass Sie solche Versprechen meist nicht halten können. Eben weil Sie schlicht manipuliert werden, ohne es zu wissen und zwar dadurch, dass Sie das Gerede des Ego als Ihr eigenes Denken verstehen.

Wenn ma´u sich jetzt diesen Zusammenhang anschaut, wobei dies natürlich nur ein allererster Hinweis auf diesen Zusammenhang ist, der natürlich sehr viel umfangreicher ist, kann ma´u auf Anhieb erkennen, in welchem Maße davon das Thema persönliche Freiheit tangiert wird. Wie sollen wir uns wirklich frei und verantwortlich verhalten können, wenn wir permanent in so umfassender Weise beeinflusst werden. Dabei muss hier noch unbedingt auf das Thema Über-Ich[195] und das Unbewusste hingewiesen werden. Denn beide wirken in ähnlicher Weise auf uns. Es zeigt sich hier grundlegend, dass zu einer Verwirklichung von echter Freiheit dieser Zusammenhang unbedingt zuerst mal wahrgenommen und beachtet werden muss. Niemand kann wirklich „frei" sein, wenn ihm/ihr „fremde" Interessen sein/ihr Handeln so massiv beeinflussen. Erst wenn wir wirklich wieder „Herr/Frau im eigenen Haus",

---

[195] die „Vertretung" von Autoritäten, zunächst meist der Eltern.

also in unserem Bewusstsein von uns selbst und in der selbständigen und selbst-bewussten Entscheidung über unser Denken und Handeln sind, können wir endlich wirklich frei sein verwirklichen und umsetzen.

Wenn uns dies aber wirklich gelingt, müssen wir noch eine weitere „Hürde" zum Verständnis der Freiheit wahrnehmen. Nämlich das Berücksichtigen dessen, was uns der Strukturalismus und Post-Strukturalismus zu sagen haben. Da dies nun aber wieder ein neues „Fass" ist, das ich hier nicht öffnen kann, kann ich nur kurz anmerken, was hier gemeint ist[196]. Im Laufe des letzten Jahrhunderts stellte es sich durch neue Erkenntnisse insbesondere der Psychologie heraus, dass all unser Denken durch persönliche, gesellschaftliche, sprachliche und kulturelle Vorgaben geprägt ist[197]. Diese Umstände waren in ihrem Ausmaß bis dato unbekannt, zeigen aber, dass wir keine objektiven, sprich „wahren" Aussagen machen können. Wir können immer nur durch die „Struktur"[198], unseres Denkens „vorgegebene" äußern. Daraus folgt, dass alle Aussagen über was auch immer keine „Wahrheiten" darstellen, sondern immer nur Perspektiven. Erst ihre Anwendungen zeigen, ob sie richtig oder falsch in Bezug auf die Aussage waren. Im obigen Text können Sie in Bezug auf die jeweilige gesellschaftliche Realität der Freiheit einige Beispiele für diese Behauptung finden. Ich erinnere an das Denken im Sinne des „Guten Lebens", oder des „gewöhnlichen Lebens". Um zu einer wirklich zutreffenden Einschätzung des Themas der Freiheit zu gelangen, ist die Berücksichtigung gerade dieses Umstandes von ebenso herausragen-

---

[196] Weitere Ausführungen zu diesem Thema finden Sie in der Literatur, insbesondere Habermas, Popper Wilber, Beck/Cowan u.a.

[197] siehe nochmals das Thema gesellschaftlich-geschichtliche Imagination von C. Castoriadis.

[198] die aus unserer Ontogenese herkommt.

der Bedeutung. Aber das erfordert ein eigenes Buch, das bereits im Entstehen begriffen ist. Ich denke, dass jetzt aber eines deutlich geworden ist: zur Verwirklichung von Freiheit in einem umfassenden Sinne gibt es eine Menge "Baustellen", sowohl gesellschaftlich-öffentliche als auch persönliche. Packen wir es an!

Literaturliste

Zitiert oder direkt oder indirekt darauf verwiesen

Adamek/Otto	Der gekaufte Staat
Afheldt Horst	Wohlstand für Niemand?
Agamben Giorgio	Ausnahmezustand
Agamben „	Die Souveränität der Macht
Agnoli J./Brückner	Die Transformation der Demokratie
Allen Gary	Die Insider, Baum d ne Weltordnung
Allen Gary	Die Rockefellerpapiere
Allport Gordon W.	Die Natur des Vorurteils
Altvater Elmar	Das Ende des Kapitalismus wie wir
Altvater/Mahnkopf	Grenzen der Globalisierung
Amery Carl	Hitler als Vorläufer
Amery Carl	Global Exit
Anders Günther	Die Antiquiertheit des Menschen 1-2
Anter Andreas	Theorien der Macht
Arendt Hannah	Eichmann in Jerusalem
Arendt Hannah	Über das Böse
Arendt Hannah	Von der Menschlich in finstere Zeiten
Arendt Hannah	Macht und Gewalt
Arendt Hannah	Ursprünge totaler Herrschaft
Arendt Hannah	Vita activa
Aristoteles	Metaphysik
Aristoteles	Nikomachische Ethik
Aristoteles	Politik
Arlacchi Pino	Ware Mensch
Arnim v. Hans H.	Staat ohne Diener
Arnim v. Hans Her.	Die Deutschlandakte
Augustinus	Bekenntnisse

Augustinus	Vom Gottesstaat (2 Bände)
Augustinus	Über den dreieinigen Gott
Bachinger/Matis	Entwicklungsdimensi d Kapitalismus
Baecker Dirk (Hg)	Kapitalismus als Religion
Baran/Sweezy	Monopolkapital
Bardi Ugo	Der geplünderte Planet
Bauer Joachim	Prinzip Menschlichkeit
Bauer Joachim	Selbst-Steuerung
Bauer Joachim	Arbeit
Bauman Zygmunt	Leben als Konsum
Bauman Zygmunt	Leben in der flüchtigen Moderne
Beck/Cowan	Spiral Dynamics
Belitz Wolfgang	Wege aus der Arbeitslosigkeit
Benedikter Roland	Das postmaterialistische Denken
Benjamin Walter	Gesammelte Schriften Band II
Berger Jens	Wem gehört Deutschland
Berlin Isaiah	Freiheit Vier Versuche
Bieger Eckhar	Freiheit – Wurzelgrund der Spiritualitä
Bieri Peter	Das Handwerk der Freiheit
Binswanger Hans C.	Glaubensgemeinschaft d Ökonomen
Blätter für deuts.	Das Ende des Kasinokapitalismus
Bloch Ernst	Subjekt-Objekt
Bloch Ernst	Naturrecht und menschliche Würde
Bloch Ernst	Im Christentum steckt die Revolte
Bloom Allan	Niedergang d amerikanischen Geistes
Blüm Norbert	Ehrliche Arbeit
Bodin Jean	Über den Staat
Boeckl Manfred	Vom Stachel ihr Gier werden s getötet
Boltanski/Chiapello	Der neue Geist des Kapitalismus
Borneman Ernest	Das Patriarchat
Bourdieu (Hg)	Das Elend der Welt
Bourdieu Pierre	Die männliche Herrschaft
Bourdieu Pierre	Sozialer Sinn
Bourdieu Pierre	Die feinen Unterschiede

Bourdieu Pierre	Praktische Vernunft
Bresch Carsten	Zwischenstufe Leben
Breuer	Das anthropische Prinzip
Brie Michael (Hg)	Schöne neue Demokratie
Bringezu Stefan	Umweltpolitik
Brisard/Dasquiè	Die verbotene Wahrheit
Brocker Manfred	Arbeit und Eigentum
Brockmann (Hg)	Die Zukunftsmacher
Bröckers Mathias	Verschwör, Verschwörungst und 11.9.
Brus Wlodzim.	Wirtschaftsplanung
Brzezinski Zbibniew	Die einzige Weltmacht
Buchter Heike	Black Rock
Bülow Andreas von	Im Namen des Staates
Bülow Andreas von	Die CIA und der 11. September
Büscher Martin	Marktwirtschaft a Gestaltungsaufgabe
Buffett Warren	Die Essays
Byung-Chul Han	Was ist Macht
Caparros Martin	Der Hunger
Castel Robert	Metamorphosen der sozialen Fragen
Castoriadis Corneli	Kapitalismus als imaginäre Institution
Castoriadis Corneli	Gesellschaft als imaginäre Institution
Chang Ha-Joon	23 Lügen über den Kapitalismus
Childe Gordon	Der Mensch schafft sich selbst
Childe Gordon V.	Soziale Evolution
Chomsky Noam	Sprache und Verantwortung
Chomsky Noam	Eine Anatomie der Macht
Chomsky Noam	Offene Wunde Nahost
Chomsky Noam	War against people
Chomsky Noam	Hybris
Chomsky Noam	Der gescheiterte Staat
Chomsky Noam	Power and Terror
Chomsky Noam	Interventionen
Chomsky Noam	The Attack
Chomsky Noam	Profit over people

Fromm Erich	Autorität und Familie
Fromm Erich	Anatomie der menschli Destruktivität
Fromm Erich	Haben oder Sein
Fromm Erich	Die Seele
Fromm Erich	Jenseits der Illusion
Fromm Erich	Psychoanalyse und Religion
Fromm Erich	Psychoanalyse und Ethik
Fromm Erich	Die Furcht vor der Freiheit
Fromm Erich	Märchen, Mythen, Träume
Fromm Erich	Wege aus einer kranken Gesellschaft
Fromm Erich	Ihr werdet sein wie Gott
Fromm Erich	Die Kunst des Liebens
Fromm Erich	Über die Liebe zum Leben
Gadamer Hans-G.	Wahrheit und Methode
Gadamer/Vogler(H)	Neue Anthropologie
Galbraith John K.	Ökonomie des unschuldigen Betrugs
Galbraith „	Entmythologisierung der Wirtschaft
Galbraith „	Die solidarische Gesellschaft
Gall Lothar (Hrsg)	Liberalismus
Gamm Gerhard	Der deutsche Idealismus
Gamm Hans J.	Kritische Schule
Ganser Daniele	NATO Geheimarmeen in Europa
Gasset José O. y	Der Aufstand der Massen
Gebser Jean	Ursprung und Gegenwart (3 Bände)
Gesell Silvio	Die natürliche Wirtschaftsordnung
Geyer Christian	Hirnforschung und Willensfreiheit
Giarini/Liedtke	Wie wir arbeiten werden
Göttner-Abendroth	Das Matriarchat 1
Goswami Amit	Das bewusste Universum
Graeber David	Schulden
Grandt Michael	Der Staatsbankrott kommt
Grosse Ernst	Spencers Lehre v d Unerkennbaren
Gruber/Kleber	Grundlagen der VWL
Gruen Arno	Der Fremde in uns

Gruen Arno	Falsche Götter
Gruen Arno	Wider den Gehorsam
Gruen Arno	Der Verrat am Selbst
Gruen Arno	Der Kampf um die Demokrat
Gruen Arno	Der Wahnsinn der Normalität
Gruen Arno	Der Verlust des Mitgefühls
Gruen Arno	Dem Leben entfremdet
Habermas, Jürgen	Technik u Wissenschaft als Ideologie
Habermas. „	Philosophische Diskurs der Moderne
Habermas, „	Theorie und Praxis
Habermas, „	Erkenntnis und Interesse
Habermas, „	Die Einbeziehung des Anderen
Habermas, „	Politik, Kunst, Religion
Habermas „	Glauben und Wissen
Hacker Friedrich	Aggression
Hamilton Mad.Jay	Die Federalist Papers
Hass Gerh. Hrsg.	Anatomie der Aggression
Haug W.P.	Warenästhetik, Sex und Herrschaft
Hayek Friedrich A.v	Die Verfassung der Freiheit
Hegel G.W.F.	Phänomenologie des Geistes
Hegel „	Philosophie der Religion I II
Heidegger, Martin	Sein und Zeit
Heidenreich B. (Hrg)	Politische Theorien II Liberalismus
Heiler Friedrich	Erscheinungsformen der Religion
Heilinger/King/Wit	Individualität und Selbstbestimmung
Heinrichs Johannes	Revolution der Demokratie
Heinrichs Johannes	Ökologik
Heinrichs Johannes	Integrale Philosophie
Heinsohn, Gunnar	Söhne und Weltmacht
Heinsohn, Gunnar	Die Vernichtung der weisen Frauen
Heinsohn, Gunnar	Eigentum, Zins und Geld
Held Karl	Die Mikroökonomie
Helfrich Hede (Hg)	Patria d Vernunft – Matriar d Gefühle
Helsing „	Geheimgesellschaften

Rousseau „	Die Krisis der Kultur
Rousseau „	Träumereien ein einsam Spaziergänge
Rutschky Katharina	Schwarze Pädagogik
Sabom Michael	Erinnerung an den Tod
Safranski Rüdiger	Das Böse
Safranski „	Wieviel Wahrheit braucht der Mensc
Sandel Michael J.	Was man für Geld nicht kaufen kann
Sartre Jean-Paul	Drei Essay´s
Sartre „ „	Existentialismus ist ein Humanismus
Sauer-Sachtleben	Kooperation mit der Evolution
Saul John R.	Der Markt frisst seine Kinder
Schäffer-Hegel Bar	Säulen des Patriarchats
Schelling F.W.J.	Das Wesen der menschlichen Freiheit
Schlabach Peter	Was ist Realität und/oder Wirklichkeit
Schnell Ernst Horst	Kapitalismus und Freiwirtschaft
Schöpf Alfred (Hg)	Aggression und Gewalt
Schopenhauer Arth.	Sämtliche Werke
Schulte Christoph	radikal böse
Schumann/Grefe	Der globale Countdown
Schumpeter J.A.	Kapitalism, Sozialismus u Demokratie
Schwarz Fritz	Vorwärts festen Kaufkraft des Geldes
Schweitzer Albert	Kultur und Ethik Bd. 1/2
Scott James C.	Against the Grain
Sedlacek Tomas	Die Ökonomie von Gut und Böse
Seebaß Gottfried	Willensfreiheit und Determinismus
Senf Bernd	Die blinden Flecken der Ökonomie
Senf Bernd	Der Tanz um den Gewinn
Senf Bernd	Der Nebel um das Geld
Senghaas/Kress	Politikwissenschaft
Sennett Richard	Die Kultur des neuen Kapitalismus
Sheldrake „	Das Gedächtnis der Natur
Sheldrake Rupert	Das schöpferische Universum
Simmel Georg	Philosophie des Geldes
Simonis Walter	Schmerz und Menschenwürde

Eine Begründung

ISBN: 978-3-7469-7006-6 (Paperback)
    978-3-7469-7007-3 (Hardcover)
    978-3-7469-7008-0 (e-Book)

Das Patriarchat
seine Herkunft, seine Folgen

ISBN: 978-3-7469-5502-5 (Paperback)
    978-3-7469-5503-2 (Hardcover)
    978-3-7469-5504-9 (e-Book)

Der „real existierende" Kapitalismus
Die tödliche Despotie der Holons Technik, Markt, Geld, Zins und Eigentum

ISBN: 978-3-7469-5440-0 (Paperback)
    978-3-7469-5441-7 (Hardcover)
    978-3-7469-5442-4 (e-Book)

Die Untertanenfabrik Lernschule
produziert Untertanen und verhindert selbständiges Denken

ISBN: 978-3-7469-5505-6 (Paperback)
    978-3-7469-5506-3 (Hardcover)
    978-3-7469-5507-0 (e-Book)

Die westlichen Scheindemokratien
kapitalgesteuert, parteiendominiert

ISBN: 978-3-7469-5539-1 (Paperback)
    978-3-7469-5540-7 (Hardcover)
    978-3-7469-5541-4 (e-Book)

Das Böse
normal, banal und alltäglich

ISBN: 978-3-7482-7560-2 (Paperback)
    978-3-7482-7561-9 (Hardcover)
    978-3-7482-7562-6 (e-Book)

Weltsichtebenen, „Bilder im Kopf", selbständiges Denken
Opa erklärt zwei Enkeln den Zusammenhang

ISBN: 978-3-7469-5937-5 (Paperback)
    978-3-7469-5938-2 (Hardcover)
    978-3-7469-5939-9 (e-Book)

Zeitfracht Medien GmbH
Ferdinand-Jühlke-Straße 7
99095 Erfurt, Deutschland
produktsicherheit@kolibri360.de